Christine Lauterbach

Nashipai – Die die Freude bringt

Mein Leben bei den Massai

Über die Autorin

Christine Lauterbach wurde 1964 in Espelkamp geboren. Schon früh fühlte sie sich nach Afrika berufen. Nach mehreren Kurzzeiteinsätzen, einer Krankenpflegeausbildung, einer 2-jährigen Bibelschulausbildung in Bad Gandersheim und diversen anderen Weiterbildungen reiste sie 1994 nach Tansania, wo sie seitdem unter den Massai lebt und ihnen in medizinischer und geistlicher Hinsicht zur Seite steht, was ihr den Massai-Namen „Nashipaï“ (Die die Freude bringt) eingebracht hat. Seit 2003 ist sie mit ihrer eigenen Organisation „Hand in Hand“ unterwegs, die sowohl missionarisch tätig ist als auch ganz praktisch Hilfe leistet, wie es Christine Lauterbachs Überzeugung entspricht.

Christine Lauterbach

NASHIPAI

Die die Freude bringt

Mein Leben bei den Massai

GerthMedien

FSC
Mix
Produktgruppe aus vorbildlich bewirtschafteten Wäldern und anderen kontrollierten Herkünften
Zert.-Nr. SGS-COC-1940
www.fsc.org

Verlagsgruppe Random House FSC-DEU-0100
Das FSC-zertifizierte Papier *Super Snowbright* für dieses Buch
liefert Hellefoss AS, Hokksund, Norwegen.

1. Auflage 2010
Bestell-Nr. 816 537
ISBN 978-3-86591-537-5

Umschlaggestaltung: Hanni Plato
Coverfoto: Charnelle Dunn/Christine Lauterbach
Fotos Innenteil: Christine Lauterbach, Mirja Duda,
Renate Dehne, Peter Russell
Satz: Marcellini Media GmbH, Wetzlar
Druck und Verarbeitung: GGP Media GmbH, Pößneck
Printed in Germany

INHALT

Kapitel 1

WAS FÜR EIN ANFANG!

„Erwarte das Unerwartete"

Herb Hafermann, Sprachschule Morogoro

„Es tut mir leid, aber ich darf Sie nicht mitfliegen lassen." Freundlich, aber bestimmt teilte mir die Mitarbeiterin der Fluggesellschaft diese Hiobsbotschaft mit.

Hinter mir lagen schlicht endlos erscheinende Vorbereitungen in Deutschland. Jetzt sollte es endlich losgehen nach Tansania. Mit einem Drei-Jahres-Vertrag in der Tasche und einem Hinflugticket wollte ich Anfang Februar 1994 ausreisen. Doch schon am Flughafen Hannover kam es zu dieser unerwarteten Überraschung: Die Fluggesellschaft wollte mich ohne Aufenthaltsgenehmigung nicht mitnehmen. Das vorhandene Touristenvisum reichte ihnen nicht aus.

Vier Monate lang hatte meine Missionsgesellschaft in Zusammenarbeit mit der tansanischen Kirche vergeblich versucht, mir eine Aufenthalts- und Arbeitsgenehmigung zu besorgen. Aber das sollte alles kein Problem sein, denn bei meiner Ankunft in Dar es Salaam am Flughafen würde ich mit den zur Einreise notwendigen Papieren empfangen werden, so hatte man es mir mitgeteilt. Das überzeugte aber die Fluggesellschaft nicht.

Die Zeit drängte, der Start der Maschine stand unmittelbar bevor.

„Können Sie mich wirklich nicht mitfliegen lassen?“, wollte ich wissen.

„Hören Sie, wenn Sie im Flieger sind und die tansanischen Behörden Ihnen die Einreise verweigern, ist unsere Fluggesellschaft verpflichtet, Sie wieder mit zurückzunehmen. Sie haben aber nur ein Hinflugticket.“

Zu meiner großen Erleichterung fand ich heraus, dass das ganze Problem in der eventuellen Kostenübernahme des Rückflugs bestand. Ich unterschrieb die entsprechende Kostenübernahmeerklärung und erhielt meinen Boardingpass. Im Laufschritt eilte ich durch die Passkontrolle und stieg ins Flugzeug ein.

Geschafft! Ich war wirklich auf dem Weg nach Afrika.

Schon als Kind hatte mich dieser Kontinent total fasziniert – die ganz andersfarbigen Menschen und die Vielfalt der wildlebenden Tiere. Afrika war exotisch, voller Geheimnisse ... und sehr weit weg. Eine Flugreise war zur damaligen Zeit undenkbar für mich. Nie hätte ich gedacht, dass mein Weg mich einmal dorthin führen würde.

Zusammen mit meinen drei jüngeren Geschwistern wuchs ich in der Kleinstadt Espelkamp in Nordrhein-Westfalen auf. Mein Vater arbeitete als Tischler, später als Versicherungsagent, und meine Mutter war für uns Kinder da. Meine Welt bestand aus meinem Zuhause und der Schule. In meiner Freizeit fuhr ich gern Fahrrad, ging im Sommer im schönen Waldfreibad schwimmen und spielte Handball im Verein.

Mit frommen Dingen oder Kirche hatte ich eigentlich absolut nichts am Hut. Doch mit 14 Jahren beschäftigte mich plötzlich die immer dringlicher werdende Frage: „Was ist der Sinn meines Lebens?"

Genau zu diesem Zeitpunkt begegnete mir Betty, die erste dunkelhäutige Person, die ich in meinem Leben persönlich kennenlernte. Durch sie fand ich im Glauben an Jesus Christus die Antwort auf meine Frage.

Jetzt wusste ich, dass ich nicht aus Zufall auf dieser Welt war und dass der Gott, der mich erschaffen hatte, einen Plan für mein Leben hatte und mir dazu sogar noch das ewige Leben versprach. Das gab meinem Leben eine klare Richtung.

Um diesen Gott noch besser kennenzulernen, besuchte ich nach dem Abitur eine Kurzbibelschule bei *Jugend mit einer Mission* in England und nahm anschließend an einem zweimonatigen Einsatz in Tansania teil. Das war im Jahr 1984.

Damals begegnete ich auch den Massai zum ersten Mal. Diese Begegnung sollte den Verlauf meines Lebens maßgeblich beeinflussen. Ja, ich würde eines Tages sogar einen Massai-Namen bekommen: *Nashipai*, was so viel heißt wie „Die die Freude bringt".

Nach den zwei Monaten in Tansania war mir klar: Diesem Volksstamm Ostafrikas wollte ich die gute Nachricht der Liebe Gottes auf ganz praktische Weise vermitteln. Dazu führte mein Weg mich wieder nach Europa. Zehn lange Jahre der Vorbereitung folgten. Ich besuchte eine Missionsschule in England, machte eine Krankenpflegeausbildung in Deutschland, sammelte einige Jahre Berufserfahrung, absolvierte eine zweijährige Bibelschule in Bad Gandersheim, ließ mich in Tropenmedizin und Basisgesundheitsdienst ausbilden, machte ein dreimonatiges Hebammenpraktikum und eignete mir alle möglichen für den vor mir liegenden Pionierdienst notwendigen handwerklichen Fähigkeiten wie Tischlern, Malern und Reparieren von Autos an.

Und jetzt sollte es also endlich soweit sein. Ausgesandt von einer evangelischen Missionsgesellschaft in Kooperation mit dem Deutschen Entwicklungsdienst (DED) würde ich meinen ersten Job in Tansania antreten.

„Wir haben leider keine Aufenthalts- und Arbeitsgenehmigung für dich. Alle deine Visumsanträge sind verloren gegangen, du musst alles noch einmal ausfüllen und beantragen."

Mit dieser wenig erfreulichen Nachricht wurde ich in Tansania begrüßt.

Ob mich die Beamten jetzt wohl mit meinem Touristenvisum ohne Rückflugticket einreisen lassen werden?, schoss es mir durch den Kopf.

Doch ohne viele Fragen zu stellen, ließen mich die freundlichen tansanischen Beamten einreisen. Die zweite Hürde war genommen.

Mit der Hilfe meiner Kollegen Ludwig und Erika, die mich vom Flughafen abholten, konnte ich dann am nächsten Tag alle Anträge ausfüllen und bei der zuständigen Stelle abgeben. *Ganz schön kompliziert*, dachte ich. Da wusste ich noch nicht, was gleich folgen würde: Ich musste unbegleitetes Fluggepäck aus dem Zoll holen, ohne der Landessprache mächtig zu sein. Mit 6 Stunden waren wir noch vergleichsweise schnell. Allerdings gelang auch das nur mit der Assistenz eines Mitarbeiters der ortsansässigen Frachtfirma. Der Schock kam am Schluss, als mir klar wurde, dass der

Mann sich nur so zügig durch die ca. 20 Stellen, an denen jeweils ein Stempel und eine Unterschrift auf die Zollpapiere kam, durchgearbeitet hatte, weil er sich ein sehr großes Belohnungsgeld versprach.

Außer sich vor Wut stand er vor mir, nachdem ich ihm mitgeteilt hatte, dass ich leider kein Geld für so etwas hatte. Mit finsterer Miene schaute er mir direkt in die Augen, stocherte mit seinem Zeigefinger in meine Richtung und zischte: „Lass dich hier nie wieder sehen!"

Da hatte ich wohl bei seinem Satz: „Ich helfe dir!" etwas missverstanden. Was für ein Einstieg! Doch das sollte nicht mein letzter Fehler bleiben …

Bei 36° Grad im Schatten und sehr hoher Luftfeuchtigkeit lief mir das Wasser nur so den Rücken hinunter. Warum hatte ich mir nur den heißesten Monat für einen Anfang im Sprach- und Orientierungskurs ausgesucht? Aber ich wusste genau, ohne gute Swahili-Kenntnisse würde ich den Herausforderungen meiner zukünftigen Arbeit nicht gewachsen sein.

Die meisten der 52 Neuankömmlinge aus Europa und Amerika hatten mit der Klimaumstellung ebenso zu kämpfen wie mit dem Erlernen von Swahili, der Landessprache Tansanias. Ebenso wie die anderen Kursteilnehmer fragte ich mich, ob ich wohl jemals den völlig anderen grammatischen Aufbau dieser Sprache und die dahintersteckende fremde Denkweise begreifen würde. Warum es in Swahili nur ein Wort für Raum und für Zeit gab, war mir ein Rätsel. „Ich habe keine Zeit" war doch etwas anderes als „Ich habe keinen Platz", oder? Dafür leuchtete mir die grammatische

Unterscheidung zwischen toten Gegenständen und Lebewesen wie Mensch und Tier augenblicklich ein. Auch die Fähigkeit, ganze Sätze in einem Wort ausdrücken zu können, faszinierte mich. Sehr schwer fiel es mir dagegen, mich an die afrikanischen Sitten zu gewöhnen. An den Haustüren gab es keine Klingeln und Anklopfen war verpönt. Stattdessen ruft der sich nähernde Besucher laut: „Hodi!"

Darauf antwortet der sich im Haus Befindliche: „Karibu!", was „Willkommen" heißt und gleichzeitig die Aufforderung zum Eintreten ist. Klopfen würden nur Diebe, wurde uns erklärt. Warum? Das sollte ich einige Wochen später erst richtig verstehen.

Es bereitete mir große Freude, eine völlig andere Sprache zu lernen. Allerdings gab es auch Kursteilnehmer, denen die Unterrichtsmethode Schwierigkeiten machte: Jeder Morgen begann mit einer kurzen Andacht und dann einem zweistündigen Vortrag mit neuen Vokabeln und Grammatik. Danach folgten die sogenannten „Drills". In Gruppen von zwei bis vier Schülern mit einem einheimischen Sprachhelfer, größtenteils Abiturienten, wurden uns zwei Stunden lang durch ständiges Nachsprechen und Wiederholen die neuen Lehrinhalte eingehämmert. Im Prinzip eine Art Gehirnwäsche. Wir mussten alles so oft wiederholen, bis es sozusagen automatisch aus uns herauskam. Erst lange Zeit später, als ich an den Grundschulen im Ngorongoro-Bezirk arbeitete und an einer Weiterbildung im Land teilnahm, ging mir ein Licht auf. So lernten hierzulande sämtliche Schüler, angefangen an Grundschulen über weiterbildende Schulen bis hin zur Erwachsenenbildung.

Marianne Gustaffson, unsere schwedische Sprachschullehrerin, lehrte uns täglich die ersten zwei Stunden.

Was für eine Enttäuschung!, dachte ich. Jetzt war ich hier im Land und wurde nicht von einer Afrikanerin, sondern einer Europäerin unterrichtet. Aber war Marianne wirklich so europäisch? Knapp 30 Jahre lang lebte sie schon in Tansania. Lediglich die ersten 22 Jahre ihres Lebens hatte sie in Schweden verbracht. Hier in Afrika war sie mehr zu Hause als irgendwo sonst auf der Welt. Ihr Freundeskreis bestand hauptsächlich aus Afrikanern. Zusammen mit einer amerikanischen Freundin hatte sie den Swahili-Sprachkurs entwickelt, der seit vielen Jahren Standard für alle Neuankömmlinge war. Von unserer Denkweise kommend und mit ihrer Afrika-Erfahrung war sie die perfekte Lehrerin für mich. Aber nicht alle Sprachschüler sahen das so. Es hagelte Kritik. Besonders deutsche Sprachschüler monierten die „antiquierte" Unterrichtsmethode. Ja, Marianne war nicht nur beliebt. Aber genau das machte diese Frau so interessant.

Da sie direkt nebenan, in der anderen Hälfte meines Doppelhauses, wohnte, besuchte ich sie öfters. Bei diesen Besuchen lernte ich diese außergewöhnliche Frau immer besser kennen. Ich liebte es, wenn sie aus dem Nähkästchen plauderte und mir von dem Anfang der Frauenarbeit erzählte, die sie gegen immense Widerstände aufgebaut hatte.

Sie stand mit ihrer ganzen Persönlichkeit für das Recht der unterdrückten afrikanischen Frauen ein, egal welche Konsequenzen das für sie persönlich hatte. Marianne hatte Ecken und Kanten, aber wer hätte die nicht gehabt nach so vielen Kämpfen? In der Sprachschule arbeitete sie nur noch, weil niemand anders dazu bereit war. Allerdings führte sie Theopista, eine ruhige Tansanierin, schrittweise in ihre Tätigkeit ein. Die junge Frau sollte Mariannes Amt später ganz übernehmen.

„Ihr neuen Missionare mit euren Schlangengeschichten! Ich lebe schon so lange hier, und mir begegnen nie Schlangen. Warum kreuzen sie immer nur eure Wege und nie meine?“, fragte Marianne uns einmal spöttisch im Unterricht.

Eines Sonntagsmittags lag ich bei großer Hitze auf meinem Bett und ruhte mich aus. Plötzlich durchdrang ein lauter Schrei unser Haus. Das war Mariannes Stimme! Aufgeschreckt liefen meine Mitbewohnerinnen Ruth, Deb, Val und ich so schnell wir konnten aus dem Haus. Marianne stand mit Panik in den Augen wie versteinert da. Ihr Gesicht war kreidebleich, der Angstschweiß stand ihr auf der Stirn. Aus dem Augenwinkel erblickte ich eine riesige Schlange, die sich auf dem Rückzug zu befinden schien. Marianne schnappte sich den erstbesten Gegenstand, ein Stück Bananenstaude, und schlug mit aller Kraft auf die Schlange ein. Eine afrikanische Freundin eilte zu Hilfe und schlug mit einem Stock zu, bis sich das Tier nicht mehr bewegte.

„Was ist denn passiert?“, wollte ich wissen.

„Ich kam aus der Tür, und da baute sich direkt vor mir diese speiende Kobra auf!“, brachte Marianne voller Entsetzen heraus. Sie zitterte am ganzen Körper. „Hätte sie mich getroffen, wäre ich jetzt vielleicht blind.“

Es dauerte eine Zeit, bis Marianne sich von diesem Schock erholte. Nach diesem Ereignis belächelte sie nie wieder die Schlangengeschichten ihrer Schüler. Und ab diesem Tag hielt ich auf dem langen Fußweg zum Klassenzimmer, der durch die Maisfelder führte, immer aufmerksam Ausschau nach Schlangen. Es schauderte mich bei dem Gedanken, wie oft ich hier im Dunklen ohne Taschenlampe herumgelaufen war.

Die Umgebung war ansonsten ideal zum Lernen. Die Sprachschule befand sich mitten auf dem Gelände einer

Internatsschule. Hier lebten auch die Lehrer und viele tansanische Schüler. Schon auf dem Weg zum Unterricht bot sich reichlich Gelegenheit, die neu gelernten Sätze und Vokabeln anzuwenden. Die Geduld unserer Nachbarn, unsere anfangs bruchstückhaften Swahili-Kenntnisse auszutesten, uns zuzuhören und zu helfen, war unglaublich. Denn schließlich erlebten sie zweimal im Jahr eine neue Gruppe von Anfängern und begegneten trotzdem jedem einzelnen Sprachschüler, als wäre er der erste.

Doch nicht nur auf dem Weg zum Unterricht wurde gelernt. Dreimal täglich wendeten wir alle unsere Swahili-Kenntnisse im Speisesaal an. Nicht selten endeten diese Sprachproben mit schallendem Gelächter. So auch an dem Tag, als ich statt um die von mir gewünschte Fleischsoße um Kuhdung bat. Der Fehler lag in der Verwechslung der Worte *mboga* und *mbolea*. *Mboga* ist die Fleischsoße bzw. eine Gemüsebeilage und *mbolea* ist natürlicher Dünger, meist Kuhdung. Warum ich damals dachte, diese Worte hörten sich ähnlich an, ist mir natürlich heute völlig schleierhaft.

Egal, wie viele Fehler wir machten, nie bekamen wir das Gefühl, ausgelacht zu werden. Aber immer wurde gelacht und die Person, die den Fehler gemacht hatte, lachte mit und lernte daraus. Fehler zu machen war ein ganz normaler Teil des Lernens und dabei durften wir viel Spaß haben.

Eine schöne Erkenntnis: Fehler konnten Freude machen!

Eines Nachmittags überfielen mich urplötzlich schreckliche Gelenkschmerzen in den Fingern, Ellenbogen und Knien. Mein Kopf tat zum Zerplatzen weh. Abends schüttelte mich ein Fieber, wie ich es noch nie zuvor erlebt hatte. War das Malaria? Mit Tropenkrankheiten und besonders mit der Malaria hatte ich mich nicht nur während des hervorragenden Tropenkurses in Tübingen beim Deutschen Institut für ärztliche Mission beschäftigt. Nein, eine ganze Jahresarbeit hatte ich diesem Thema während meiner Krankenpflegeausbildung gewidmet, kannte mich demnach theoretisch gut damit aus. Ehrlich gesagt hatte ich genau deshalb auch Angst vor dieser gefährlichen Krankheit, wusste ich doch, dass jährlich ca. 45 Millionen Menschen an Malaria erkrankten und einige Millionen sogar daran starben. Hier in Ostafrika waren viele der üblichen Malariamittel durch Resistenzen wirkungslos.

Hatte ich Malaria? Die Vorgeschichte passte.

Zu Ostern hatte ich indische Freunde in ihrem einfachen Haus an der Küste besucht. Es wimmelte dort nur so von Moskitos. Trotz aller Vorsichtsmaßnahmen erwischten sie mich frühmorgens am Küchentisch und zerstachen mir schonungslos die Füße. Die Inkubationszeit kam hin, die Symptome auch, und jetzt? Ich beschloss, die Sache mit meinen Hausgenossinnen zu besprechen.

Val, Apothekerin von Beruf, und Deb, Krankenschwester, waren sich mit mir einig, dass es sich hier um Malaria handelte. Ruth hatte als Landwirtschaftsexpertin keine Meinung zu diesem Thema. Für einen Labortest war es zu spät. Mit der Medikation bis zum nächsten Tag zu warten war uns zu riskant. Das empfohlene Anti-Malaria-Mittel aus der Reiseapotheke musste herhalten. Ob ich nach der Einnahme des Medikaments schwerer an der Malaria oder an den Nebenwirkungen litt, sei dahingestellt. Es folgte jedenfalls ein Alptraum.

Es war 2:00 Uhr nachts, Ruth kehrte aus dem Bad in ihr Zimmer zurück. Ich sagte mir immer wieder, ich würde nicht verrückt, es seien sicher nur die Nebenwirkungen des Malariamittels. So lag ich mit Halluzinationen, Herzrhythmusstörungen, Missempfindungen auf der Haut, Gelenkschmerzen, Schwindel, Gleichgewichtsstörungen und wahnsinnigen Kopfschmerzen in meinem Bett. Da hörte ich es: ein kaum hörbares Klopfen an der Haustür. Plötzlich waren meine Gedanken glasklar: „Klopfen, das tun nur Diebe!"

Das Klopfen wurde lauter und lauter und noch etwas lauter. In unserem Haus tat sich nichts. Daraufhin hörte ich, wie die Türklinke heruntergedrückt wurde, aber es war abgeschlossen. Es dauerte nicht lange, da wurde die Hintertür ausprobiert – auch verschlossen. Gut!

Aber nein – jetzt erblickte ich einen Mann vor meinem Fenster. Die zu kleine Gardine gewährte ihm einen guten Einblick in mein Zimmer. Er schaute genau auf mein Bett. Konnte er mich unter dem Moskitonetz erkennen? Das Herz schlug mir bis zum Hals. Ob er bewaffnet war, konnte ich nicht sehen. Die Angst lähmte mich, bis ich die Anspannung nicht mehr aushielt. Laut rief ich auf Englisch: „Was willst du?!"

Ich musste raus aus dem Zimmer, auch auf die Gefahr hin, dass er vielleicht auf mich schoss. So kämpfte ich mich unter meinem Moskitonetz hervor, torkelte bis an die Wand und an dieser entlang bis zu Ruths Zimmer.

„Ruth, wach auf, da ist ein Dieb!"

Sofort war sie wach und bestätigte mir, den Dieb im Halbschlaf gehört zu haben. Ohne zu zögern schaltete sie das Licht im ganzen Haus an, damit der Dieb eindeutig wusste: Wir hatten ihn bemerkt.

Zitternd saß ich bis zum Morgengrauen bei Ruth im Zimmer. Der Dieb hatte sich längst auf den Rückzug begeben, meine Angst leider nicht. Sie dauerte an. Jede Nacht wachte ich auf, lauschte auf jedes Geräusch, und tatsächlich, in der Nachbarschaft verschwanden mal ein paar Schuhe, mal ein Huhn und einmal einige Ziegen. Meine Angst machte mir wirklich schwer zu schaffen. So betete ich zu Gott und sagte ihm, wenn er mich tatsächlich hier in Tansania gebrauchen wolle, müsste er ein Wunder tun und mir diese Angst wegnehmen. Denn wie sollte ich allein im Busch bei den Massai im Zelt übernachten können, wenn ich schon in einem Haus mit drei anderen Frauen jede Nacht vor Angst wach lag?

Mit leeren Blechdosen bauten wir eine effektive Alarmanlage, um weitere Einbruchversuche in unser Haus zu verhindern: Auf jede Klinke der beiden Haustüren stülpten wir eine leere Dose. Schon in der ersten Nacht wurden wir durch lautes Scheppern geweckt. Der Dieb musste die Türklinke betätigt haben, denn die Dose knallte unüberhörbar auf den Betonfußboden. Vom Lärm geweckt schaltete Ruth sofort alle Lichter im Haus an. Nach wenigen Tagen blieb es still, kein Dieb versuchte mehr bei uns einzubrechen.

„Wasser gehört jedem!" Dieser Satz aus dem Orientierungsunterricht saß.

Während ich mich noch mit den Symptomen meiner Malaria plagte, nahmen meine Hausgenossinnen an einer Wanderung in die benachbarten Uluguru-Berge teil. Alle Sprachschüler trugen in weiser Voraussicht Wasser mit sich. Die einheimischen Sprachhelfer nicht, denn sie wussten: „Wasser gehört jedem!" Als der Durst groß wurde, fühlten sich die Sprachschüler verpflichtet ihr kostbares Trinkwasser mit ihren neuen Freunden zu teilen. Nur leider war das Wasser allzu schnell verbraucht.

„Kein Problem“, so die Helfer, „wir fragen die Dorfbewohner nach abgekochtem Wasser!“ Die freundlichen Dorfbewohner gaben den Fremden gern von ihrem Wasser. Alle erfrischten sich daran. Fast alle litten später an den Konsequenzen. Kaum nach Hause zurückgekehrt begann der Wettlauf zur Toilette. Deb, Val und Ruth hatte es erwischt: Heftige Durchfälle, begleitet von schlimmen Bauchkrämpfen, quälten sie für Tage. Ebenso traf es die anderen Sprachschüler, nur die meisten Sprachhelfer waren immun gegen das, was in diesem Wasser war. Da ich mich inzwischen wieder halbwegs auf den Beinen halten konnte, versorgte ich die Durchfallkranken in unserem Haus.

Kranksein in Afrika bringt unzählige Besucher mit sich. Auch bei uns riss der Besucherstrom nicht ab. Unermüdlich kamen unsere tansanischen Freunde, um uns gute Besserung zu wünschen. Sie beschenkten uns mit Karten, Leckereien und Getränken, damit wir wieder zu Kräften kämen. Manche beteten hingebungsvoll um unsere Heilung. Mary, unsere Köchin, kniete vor meinem Bett. Während ich mich vor Schmerzen wand, bat sie Gott inständig, mich gesund zu machen. Es war überwältigend, die Anteilnahme und Liebe dieser Menschen zu sehen.

In den vier Monaten an der Sprach- und Orientierungsschule in Morogoro lernte ich weitaus mehr als nur Swahili. Im Unterricht erfuhr ich viel über Land und Leute, die AIDS-Situation, die wirtschaftliche Lage und die Landesgeschichte Tansanias. Selbst an Malaria zu erkranken war für mich wie der praktische Teil meines Tropenkurses. Jetzt konnte ich meine zukünftigen Patienten besser verstehen. Außerdem verlor ich die Angst vor der Malaria, weil sie keine Unbekannte mehr für mich war. Im täglichen Schulleben begegnete ich wunderbaren Menschen, die noch heute zu meinen besten Freunden zählen. Kurzum, es war eine wertvolle und gute Einstiegszeit trotz oder vielleicht auch wegen aller Anfangsschwierigkeiten.

„Sister Haraka", die schnelle Schwester, nennen viele Menschen meine damalige Kollegin und Freundin Angelika Wohlenberg. Bei ihr absolvierte ich ein dreimonatiges Praktikum in der Massai-Steppe südlich von Arusha, bevor ich in den Ngorongoro-Distrikt geschickt wurde, um dort eine neue Arbeit aufzubauen. Angelika arbeitete bereits 12 Jahre in der Massai-Steppe. Sie baute mit einem afrikanischen Team eine mobile Klinik, die *South Massai Mobile Unit* (SMMU) auf. Angelika hatte für jedes Problem ein offenes Ohr und leitete eine vielfältige Arbeit. Ich lernte viel von ihr. Was mir ganz besonders an ihr gefiel, war ihre Nähe zu den einheimischen Menschen. Im Gegensatz zu anderen Entwicklungshelfern und Missionaren, die ich kennenlernte, teilte sie ihr ganzes Leben mit den Menschen, mit denen sie arbeitete und denen sie diente.

Mama Selina*[1], eine Kollegin, fasste bald Vertrauen zu mir. Sie erzählte mir viel über ihr Leben und bat mich um Rat, auf Swahili … Zugegeben, ich verstand nur Bruchteile, aber es war dennoch ein Austausch von Herz zu Herz. Wir lachten und weinten zusammen, arbeiteten gemeinsam und verstanden uns, auch ohne jedes Wort zu verstehen.

Als Angelika mich aufforderte, in der Gegenwart von Massai-Gästen so laut zu schmatzen und zu schlürfen, wie

[1] Alle mit einem * gekennzeichneten Namen wurden geändert.

ich konnte, und das Essen aus Höflichkeit mit einem lauten Rülpser abzuschließen, musste ich unweigerlich an meine Mutter denken. Wenn sie mich gesehen und gehört hätte! Da hatte sie mich als Kind mühsam gutes Benehmen gelehrt, und hier war gutes Benehmen genau das Gegenteil. Mit meinen guten Massai-„Tisch"sitten (Massai benutzen traditionell keine Tische) habe ich mir später viele Freunde gemacht. Auch das Ausspucken, in der trockenen, staubigen Steppe ganz normal, hat Bewunderungsreaktionen hervorgerufen: „Sie ist eine von uns! Hast du gesehen, sie spuckt aus wie wir!"

Ein anderer Tipp, den ich von Angelika erhielt, war mit Geld nicht zu bezahlen: „Stell dich überall als *Sister Christine* vor. Damit hältst du dir die ständigen lästigen Heiratsanträge vom Hals!", empfahl sie mir.

Da Krankenschwestern in Deutschland und Tansania mit „Schwester" angesprochen wurden, fand ich die Idee nicht schlecht. Denn Frauen hierzulande werden erst als vollwertige Menschen respektiert, wenn sie Kinder geboren haben. Ich war ledig und kinderlos. Eine „Sister" hingegen bekam auch so Respekt. Das würde für die Arbeit sicher nützlich sein. Dass ich irrtümlich für eine Nonne gehalten werden könnte, passte mir allerdings gar nicht. Da das aber das kleinere Übel war, nahm ich es in Kauf.

Es war eine wichtige Erfahrung für mich, mit Angelika und ihrem Team zu leben und zu arbeiten. Sozusagen nebenbei lernte ich viele der unzähligen Tätigkeiten in einer mobilen Klinik kennen. Dazu gehörten Mutter-Kind-Angebote mit Impfprogramm, Krankenbehandlungen, Augenheilkunde, Buchhaltung, Berichterstattung, Behördengänge, den Landcruiser fahren und reparieren, Planung und Durchführung von Seminaren, Einkäufe und vieles mehr.. Auch hieß es zu lernen, sich im Busch zurechtzufinden, wo es keine Hinweisschilder gibt. Nicht alles war neu für mich, denn ich hatte zuvor schon zweimal meinen Urlaub als freiwillige Helferin bei Angelika und ihrem Team verbracht.

Doch jetzt lag eine große Herausforderung vor mir: Ich sollte als Koordinatorin der *North Massai Mobile Unit*, kurz NMMU, Aufbauarbeit in einem für mich völlig unbekannten Gebiet leisten. Ich musste so viel wie möglich lernen, um eine Idee zu bekommen, was ich da genau für eine Arbeit aufbauen wollte, welches Konzept Sinn machte und wie die praktische Ausführung mit den vorgegebenen Möglichkeiten aussehen konnte. Von Anfang an sollte ich im Hinterkopf haben, diese Arbeit baldmöglichst in einheimische Hände zu übergeben. Bisher wusste ich nur, dass mein einziger Kollege ein Massai namens John* sein würde, der von Beruf Hilfsarzt war. Bei einem Augenseminar der SMMU hatten wir uns kurz kennengelernt.

Zwei Kulturen krachten aufeinander: Auf der einen Seite eine typisch deutsche Krankenschwester mit Abitur, Bibelschulausbildung und handwerklicher Erfahrung, und auf der anderen Seite ein stolzer Massai-Mann, der nach der 9. Klasse eine dreijährige Ausbildung zum *Medical Assistant* gemacht hatte und der es gewohnt war, Frauen zu bevormunden. Die Kirchenleitung hatte mir die Leitungsfunktion erteilt, eigentlich eine Unmöglichkeit, wie ich heute weiß. Das konnte ja heiter werden!

Kapitel 2

Ein neues Zuhause

Die schönsten Autofahrten meines Lebens bescherte mir mein Arbeitsweg von Arusha nach Loliondo. In meinen kühnsten Träumen hätte ich mir Afrika nicht so vorgestellt. Bei besten Straßenverhältnissen brauchte ich 8 Stunden reine Fahrtzeit für knappe 400 Kilometer. Davon war nur die erste Stunde eine Asphaltstraße. Danach folgte viel Schüttelei auf Waschbrettpisten, steilen Bergpfaden und fast unsichtbaren Reifenspuren durch die unendlichen Weiten der Serengeti mit sehr viel Staub oder Schlamm, je nach Jahreszeit.

Dennoch konnte ich mein Glück kaum fassen: Als Natur- und Tierliebhaberin genoss ich meinen Dienstweg am Ngorongoro-Krater entlang bis zur Serengeti und dann Richtung Norden bis fast an die Grenze Kenias. Noch nie zuvor hatte ich so viele verschiedene Landschaften und Klimazonen an einem Tag gesehen. Da waren ausgedörrte Steppen, fruchtbare Hochebenen mit Kaffeeplantagen und Weizenfeldern, der urige Nebelwald von Ngorongoro mit Panoramablick auf den Krater und die unendlichen Weiten der Serengeti. Dazu kamen die unzähligen Tiere: Gnus, Zebras, verschiedene Antilopenarten, Strauße, Giraffen, Elefanten, Büffel, Schakale, Hyänen und Löwen. Mit dem Geländewagen mitten durch die Tierherden in dieser fantastischen Landschaft zu fahren, um an meine Arbeitsstelle zu kommen, bereitete mir größtes Vergnügen. Wie oft mussten meine Mitfahrer – in Afrika war das Auto immer voll – und ich lachen, wenn die Thomsongazellen oder Strauße meinten, sie müssten mit uns um die Wette laufen. Beim Fahren war aber auch äußerste Konzentration angesagt, denn die vielen unerwarteten Schlaglöcher machten die Fahrt oft zu einem Reaktionstest.

Die letzten 3 Stunden vor Loliondo waren eine einsame Strecke, und nicht selten begegneten wir keiner Menschenseele. Wenn doch, hielt man sofort an, um Nachrichten auszutauschen. „Wo kommst du her? Wo willst du hin? Wie ist die Straße? Was gibt es Neues? Hast du Probleme?", waren die üblichen Fragen. Durchgeschüttelt, müde, verstaubt und voller neuer Eindrücke, war es immer wieder neu ein Erlebnis, schließlich am „Ende der Welt" in Loliondo, meinem neuen Zuhause, anzukommen.

Die Distrikt-Hauptstadt Loliondo liegt umgeben von Urwald in 2.200 Metern Höhe über dem Meeresspiegel. Hier befindet sich auch heute noch der Regierungssitz des Ngorongoro-Distrikts. Der Ort besaß ein Postgebäude, eine Polizeistation, eine Bank, ein Gefängnis, eine Maismühle, unzählige kleine Läden und Lehmhütten und Bretterverschläge, abgesehen von den wenigen festen Gebäuden, die vornehmlich aus der Kolonialzeit stammten. Die Ortschaft glich einer Holzfällerstadt. Unglaublich, hier kämpften im Ersten Weltkrieg einst die Deutschen gegen die Engländer. Die Einwohnerschaft von etwa 5.000 Menschen bestand hauptsächlich aus Regierungsangestellten, die aus anderen Landesteilen zugewandert waren, Geschäftsleuten und Ackerbauern, und außerdem aus den einheimischen Massai und Sonjo, die in den Bergen rund um Loliondo leben.

In Tansania gibt es über 120 verschiedene Volksstämme, die jeweils ihre eigenen Muttersprachen und Traditionen pflegen. Doch erfreulich ist das dennoch vorhandene Nationalbewusstsein und Zusammengehörigkeitsgefühl unter den Stämmen. Mit der Einführung von Swahili als Nationalsprache brachte Julius Nyrere, der erste Präsident Tansanias, die vielen unterschiedlichen Volksgruppen unter einen Hut. Das Volk dankt ihm diesen Erfolg bis heute und bezeichnet ihn deshalb als den „Vater der Nation“.

Das alte Missionarshaus, 1953 von einem amerikanischen Pastor aus Quarzsteinen erbaut, war mir von der Arusha-Diözese als Wohnsitz zugewiesen worden. Ich wohnte ganz allein in diesem riesigen Haus am Ortsrand.

Im Ngorongoro-Gebiet mit einer Einwohnerzahl von 129.000 Menschen, hauptsächlich den Massai und Sonjo, aber auch einem bunten Gemisch aus verschiedenen Stämmen in den Ortschaften, sollte ich nun eine neue Arbeit aufbauen. Auf keiner Karte konnte ich die Wege und Dörfer finden, von denen mir mein einheimischer Kollege John berichtete. Also hieß es erst einmal auf Erkundungsfahrt gehen. Ich wollte die geografischen Gegebenheiten, bereits vorhandenen Gesundheitsinstitutionen, Schulen, Kirchen und Dörfer kennenlernen.

Da unser Einsatzgebiet sehr groß war – der am weitesten entfernte Einsatzort lag 12 Autostunden von Loliondo entfernt –, übernachtete ich häufig unterwegs im Zelt. So auch bei der Fahrt in die Serengeti. Doris, meine erste Besucherin, begleitete mich auf dieser Reise. Während der mitgereiste Massai-Pastor kostenlos in einem Hotelzimmer übernachtete und John anbot, mit ihm dort zu schlafen, wollte man von den *Wazungu*, den Weißen, Dollars sehen. Doris und ich blickten uns an, und da wir keine Dollars hatten, beschlossen wir, die Nacht im Zelt zu verbringen. John war absolut dagegen, uns Neulinge allein zelten zu lassen und es sich selbst im Hotel gemütlich zu machen; er würde auch zelten. Es war beruhigend, einen erfahrenen Mann als Zeltnachbarn zu bekommen.

Wir schlugen die Zelte im Hellen auf, kamen aber erst nach Einbruch der Dunkelheit zum Zeltplatz zurück. Die Nacht war pechschwarz. Gespenstisch leuchteten die Augen unzähliger Büffel im Scheinwerferlicht auf. Sie starrten uns mit ihren grimmigen Gesichtern an. Hier sollten wir aussteigen? Und weniger als hundert Meter von diesen Tieren entfernt in unseren Zelten schlafen? Angriffe durch Büffel waren in unserer Gegend oft die Ursache für schwerste Verletzungen, nicht selten mit Todesfolge.

„John, was sollen wir machen?“, wollte ich wissen.

„Ihr braucht keine Angst zu haben! Ich beschütze euch! Ich bin ein Massai!“, sagte John selbstsicher.

„Was willst du denn machen, wenn die Büffel kommen?“, bohrte ich weiter.

„Das werdet ihr dann schon sehen!“

Müde genug waren Doris und ich jedenfalls. Wir fassten uns ein Herz und sprangen aus dem Auto und dann ganz schnell in unser Zelt. Während ich noch mit meiner Freundin redete, hörten wir plötzlich John aus dem Nachbarzelt in voller Lautstärke auf Swahili beten. Obwohl meine Sprachkenntnisse noch nicht berauschend waren, konnte ich klar ausmachen: Hier ruft jemand aus nackter Angst zu Gott um Hilfe. Auch in unserem Zelt wurde gebetet, aber leiser …

Am nächsten Morgen beim Tee im Wildhüterhaus wollte ich es genau wissen: Auf meine Frage, was John denn da am Vorabend so inbrünstig gebetet habe, bekam ich eine sehr ehrliche Anwort: „Sister, ich habe gebetet, dass Gott uns mit seinen himmlischen Heerscharen umgibt und ich nachts nicht zur Toilette, also aus dem Zelt, muss!"

Na, prima! Was für ein Beschützer!, dachte ich. *Ich* war nachts draußen gewesen, und jetzt erfuhr ich noch vom Wildhüter, dass es ganz in der Nähe Löwen und Leoparden gab. Aber immerhin hatte das Gebet wohl geholfen, denn es war ja niemandem etwas passiert.

Jahre später lachten John und ich gemeinsam über diese Einstiegstour. „Weißt du noch, die Büffel in der Serengeti, Sister? Ich hätte nichts gegen sie ausrichten können, aber ich musste dir doch Mut machen! Du warst doch noch neu hier."

Immer wieder gingen John und ich auf Erkundungsfahrten. Alle Leute lernten mich kennen. In den Dörfern trafen wir die traditionellen Dorfältesten, außerdem Regierungsvertreter, Lehrer, Gesundheitsbeamte und kirchliche Mitarbeiter. Die vielen neuen Namen und Gesichter verwirrten mich komplett. Dazu kamen komplizierte Ortsnamen wie Ololosokwan, Oloipiri, Enguseru Sambu, Engare Sero und viele mehr. Mit Zettel und Stift bewaffnet schrieb ich die Namen der Orte, die Entfernungen in Kilometern und die Fahrtzeiten mit. Denn 30 Kilometer zurückzulegen konnte hier zwischen 45 Minuten und 2 Stunden dauern. Diese Informationen wollte ich später zur Erstellung von Dienstplänen nutzen.

Leider vergaß ich, mir die Namen der Menschen aufzuschreiben. Spätestens beim nächsten Wiedersehen strahlten mich diese Leute an und erwarteten, dass ich sie kannte. Peinlicherweise musste ich dann immer nachfragen, wie sie hießen. Die Enttäuschung darüber, dass ich sie vergessen hatte, stand ihnen in ihre Gesichter geschrieben. Schließlich war ich eine neue Weiße, an die sie große Erwartungen hatten. Ich dagegen sah unzählige Menschen, die sich für meine Begriffe damals alle ähnelten und völlig fremd klingende Namen hatten, die ich zum Teil nicht mal aussprechen, geschweige denn mir merken konnte.

Seit 30 Jahren gab es in Wasso ein katholisches Krankenhaus mit 80 Betten. Sie unterhielten noch eine Gesundheitsstation in Digodigo und flogen mit einer sechssitzigen Cessna jeweils alle zwei Wochen zu medizinischen Einsätzen in die Dörfer der Gegend. Dabei wurden Kranke behandelt und Mutter-Kind-Kliniken mit einem Schwangeren-Vorsorgeprogramm und Impfprogramm angeboten. Die Regierung unterhielt fünf Gesundheitsstationen, und zwei im Ngorongoro-Distrikt wurden von der evangelischen Kirche betrieben, eine in Arash und die andere in Piyaya. Der Aufbau der NMMU wurde mir anvertraut, um die kirchliche Gesundheitsarbeit zu stärken.

Trotz dieser vorhandenen Einrichtungen gab es weite Gebiete ohne jegliche medizinische Versorgung. Mein Traum war es, in der Vorsorgearbeit tätig zu werden. Da die Kirchen und Regierungsstellen bereits eine gewisse medizinische Grundversorgung gewährleisteten, standen die Chancen gut, meine Idee zu verwirklichen. Auf keinen Fall wollte ich eine Konkurrenz für die bestehenden Institutionen darstellen. Im Gegenteil, mir lag eine gute Zusammenarbeit sehr am Herzen.

So freute ich mich sehr über das Seminar, zu dem die Gesundheitsbehörde der Arusha-Region einlud. Alle im Gesundheitswesen Tätigen saßen zusammen, um über wichtige Fragen der Gesundheitsarbeit zu sprechen.

Als Erstes meldete ein Mann sich vorsichtig zu Wort: „Ich

komme aus Arusha und bin zum ersten Mal in Loliondo. Wir haben uns unterwegs stundenlang verirrt. Es müssen unbedingt Hinweisschilder aufgestellt werden!“

Mehrere Hände schossen in die Luft.

„Ja, lasst uns ein Hinweisschild aus Holz aufstellen!“

„Das könnte von den wilden Tieren umgestoßen werden.“

„Oder die Einheimischen stehlen es und benutzen es als Feuerholz.“

„Dann nehmen wir eben einen großen, schweren Stein und malen einen richtungsweisenden Pfeil darauf.“

„Das ist eine gute Idee!“

„Nein, bei der nächsten Regenzeit ändert sich der Straßenverlauf sowieso. Der Hinweisstein würde dann nur nutzlos in der Landschaft stehen.“

Die zweistündige Diskussion endete mit der Feststellung, es sei unmöglich, den Weg nach Loliondo zu beschildern. Dazu bräuchte man erst permanente Straßen.

Einige Wochen später besuchte ich die Straßenbaubehörde. An der Bretterwand entdeckte ich dort zu meiner Überraschung eine Karte meines Einsatzgebietes. Auf einem linierten Blatt Papier waren wichtige mit dem Geländewagen befahrbare Wege und die größeren Dörfer mit dem Kugelschreiber aufgemalt. Sofort zeichnete ich mir den Plan ab. Endlich hatte ich eine Idee, wo welches Dorf lag. Auch trug ich andere Dörfer ein und erhielt so nach und nach ein vollständigeres Bild von meinem Einsatzgebiet.

Unterwegs auf Erkundungsfahrt mit John hielten wir in einem typischen Massai-Dorf an. Die Kinder stürmten sofort auf unser Auto zu und umringten uns, als wir ausstiegen. Für sie waren wir die Attraktion des Tages. Laut schnatterten sie durcheinander, hielten aber sicheren Abstand zu mir. Ganz kleine Kinder rannten sogar brüllend davon, als sie mich erspähten. Es war das erste Mal, dass sie eine Weiße sahen. Die Größeren unter ihnen kamen von Neugier getrieben immer näher. Ein Junge berührte vorsichtig meine Hand, stets bereit, gleich wieder wegzulaufen. Aber als ich ihn freundlich gewähren ließ, rückten auch die anderen Kinder näher. Meine Hautfarbe war für sie ganz offensichtlich gleichzeitig fremd und faszinierend. Einige versuchten, die weiße Farbe von meinen Händen und Armen zu wischen. Andere interessierten sich für meine Armbänder und spielten damit, und wieder andere wühlten mir in den Haaren.

„Sister, siehst du diese Kinder? Einige von ihnen werden später durch ihre chronische Augenentzündung erblinden!"

Ja, ich sah die Kinder. Schon von Weitem erkannte ich Tausende von Fliegen auf den Gesichtern. Jetzt, bei näherem Hinschauen, fielen die dick verklebten Augen auf. Ungewaschene Gesichter mit Triefnasen und eitrige Ohren zogen die Fliegen magisch an.

„Warum werden sie erblinden?", fragte ich.

„Durch die chronische Infektion vernarbt das Augenlid an der Innenseite und zieht die Augenwimpern nach innen, sodass sie auf dem Auge reiben. Die so zerkratzte Hornhaut wird mit der Zeit undurchsichtig. Der Mensch ist blind. Wir können dann nichts mehr für ihn tun. Das nennt sich Trachom im Endstadium", erklärte John mir.

John und ich erfuhren, dass es im gesamten Einsatzgebiet niemanden gab, der sich in Augenmedizin auskannte oder betätigte. Zwar besuchte ein Augenarzt sporadisch das Wasso-Krankenhaus, aber nur vereinzelt kamen Patienten. Die Massai fanden es ganz normal, im Alter zu erblinden. Sie richteten sich darauf ein. Für einen Blinden wurde ein Gesunder zur Hilfe eingeplant. Woher sollten sie auch wissen, dass sich manch eine Erblindung durch einfaches Waschen vermeiden ließ und in anderen Fällen bereits erblindete Menschen durch eine Operation wieder sehen könnten?

Tagtäglich kamen Menschen an meine Haustür. Sie erhofften sich von den *Wazungu*, den Weißen, Hilfe für die verschiedensten Probleme. Für die Menschen hier war ich reich. Außerdem war ich von Beruf Missionarin, sprich, ich war aus ihrer Sicht verpflichtet, ihnen zu helfen.

„Ich habe sechs Kinder und wir haben Hunger. Was soll ich ihnen nur zu essen geben? Kannst du mir helfen?“

In schmutzigen Lumpen stand die völlig abgemagerte Sonjo-Frau Maria* vor mir. Der kleine Volksstamm der Sonjo, der angeblich nur rund 40.000 Menschen umfasste, lebte seit über 120 Jahren in einem bergigen Gebiet, das an Loliondo grenzte und rundherum von der Massai-Steppe umgeben war. Traditionell waren die Sonjo Sammler und Jäger, hatten aber in den 1960er-Jahren mit Ackerbau und Viehwirtschaft begonnen. Da sie die besten Landstücke mit ganzjährig sprudelnden Wasserquellen bewohnten und sich im Laufe der Zeit räumlich immer mehr ausdehnten, kam es auch hin und wieder einmal zu Konflikten mit den verfeindeten Massai. Aber meist herrschte Frieden zwischen den beiden Stämmen. Obwohl ich als Missionarin zu den Massai gekommen war, wollte ich die Sonjo ebenso berücksichtigen und ihnen helfen.

Marias hervorstechende Wangenknochen und ihr spitzes Kinn sprachen Bände. Sie trug ihr völlig abgemagertes Kind auf dem Rücken. Schlaff und apathisch hing es im Tragetuch. Seine Oberarme hätte ich ohne Weiteres mit einer Hand umfassen können, so dünn waren sie.

Bei einer Tasse süßem Milchtee redeten wir weiter. „Hast du keinen Mann, der für euch sorgt?"

„Der ist tot!"

„Hast du keine Kühe oder Ziegen von ihm geerbt?"

„Meine Schwiegermutter hat sie mir weggenommen. Ich habe nichts. Eben war ich mit meinem dreijährigen Sohn im Krankenhaus. Der Arzt sagt, er sei nicht krank, er bräuchte nur etwas zu essen."

Marias Geschichte ging mir unter die Haut. Schnell holte ich Reis, Öl, Zucker und Gemüse aus dem Garten herbei. Ich gab ihr alles mit, was sie auf dem dreistündigen Fußmarsch nach Hause tragen konnte. Doch bevor sie sich auf den Rückweg machte, unterhielten wir uns ausgiebig über das Leben in ihrem Dorf.

Wochen später besuchte ich Marias Dorf. Nach einem intensiven Arbeitseinsatz ließ der Dorfchef mich nicht fahren, ohne vorher noch bei ihm zu Hause Tee zu trinken.

„Du hast nicht nur Maria, sondern uns allen geholfen!", teilte er mir mit. „Eigentlich versorgen wir als Dorfgemeinschaft die Armen mit Lebensmitteln. Aber bei der momentanen Dürre haben die Leute selbst nicht genug zu essen. Deshalb danken wir dir, denn du hast uns allen damit geholfen."

„Hodi!“

Ein junger, gut gekleideter Mann stand vor der Tür. Mit einem „Karibu“ lud ich ihn ein auf meiner Veranda Platz zu nehmen.

„Mein Name ist Thomas*. Ich lebe hier in Loliondo und habe gehört, dass du hier bist. Da wollte ich mal sehen, wie es dir geht.“

Erst nach vielen freundlichen Worten kam er eine halbe Stunde später zur Sache: „Sister, ich weiß nicht, was ich machen soll. Meine Eltern haben ihr Bestes getan, um mir eine Schulausbildung zu ermöglichen. Nach zwei Jahren Sekundarschule haben sie jetzt aber kein Geld mehr. Dieses Jahr ist durch die Dürre ihre Ernte ausgefallen. Was soll ich nur machen? Ich möchte unbedingt meine Fachoberschulreife machen. Aber wenn ich ohne Schulgeld zurück ins Internat gehe, schicken sie mich heim.“

„Wie viel Geld brauchst du?“

„Für dieses Halbjahr umgerechnet etwa 200 Dollar. Bitte hilf mir.“

„Ich werde darüber nachdenken. Komm bitte in drei Tagen wieder, dann gebe ich dir eine Antwort.“

Da ich absolut keine Ahnung hatte, wer wirklich Geldnot hatte oder nicht, sprach ich mich in solchen Fragen mit John ab. Er kannte die Familienverhältnisse der Leute besser als ich.

Nach 7 Jahren Grundschule war es für die Kinder hier keine Selbstverständlichkeit, weiter zur Schule gehen zu dürfen. Bei einem Monatseinkommen von umgerechnet unter 50 Euro war eine Ausbildung der Kinder oft eine Unmöglichkeit. Viele Menschen hatten überhaupt kein regelmäßiges Einkommen. Sie lebten von den Erträgen ihrer Felder, und die waren abhängig vom Regen. Nicht selten fielen die kurzen Regenzeiten vollständig aus. Die Schule war in solchen Zeiten zweitrangig, denn es ging ums nackte Überleben.

Die Massai besaßen kein Geld. Um einem Kind eine weiterführende Schule zu ermöglichen, hätten sie einige Ziegen oder eine Kuh verkaufen müssen. Für die meisten Massai absolut undenkbar!

Die uns zur Verfügung stehenden Mittel reichten nicht aus, um jedem zu helfen. Aber die Einzelfallhilfe, die wir leisteten, wurde in der Dorfbevölkerung hoch geschätzt.

Thomas gaben wir kein Geld. John hatte die Lage richtig eingeschätzt: Wenige Tage nach Schulbeginn erschien Thomas bei uns und bat um eine Mitfahrgelegenheit. Er hatte das Geld zusammenbekommen. Gern erfüllten wir seine Bitte und nahmen ihn in die sieben Stunden entfernte Schule mit. Das ersparte ihm die hohen Fahrtkosten.

Nembuan*, eine junge, wohlgenährte Massai-Frau, erzählte mir in allen Einzelheiten, wie ihr betrunkener Ehemann sie verprügelte.

„Ich muss weg von ihm. Er liebt nur seine zweite Frau, und mich schlägt er. Ich will mein eigenes Haus bauen und von ihm wegziehen. Kannst du mir Geld für ein Haus geben?"

„Nein. Warum suchst du dir nicht eine Arbeit und verdienst dir selbst das Geld?", forderte ich sie heraus, denn ich hasste diese Bettler-Mentalität.

„Mir gibt doch niemand Arbeit!", verteidigte sie sich.

„Doch, ich! Komm und arbeite bei mir im Garten. Ich gebe dir jeden Tag einen guten Lohn", bot ich ihr an.

Nach und nach verdiente Nembuan sich das Geld für ihr neues Haus. Stolz berichtete sie mir von den Baufortschritten und zog schließlich mit ihren zwei Kindern ein. Wir waren Freundinnen geworden.

Eines Tages kam Nembuan und stellte mir ihre schüchterne kleine Schwester Nosim* vor.

„Der alte Mann, der so viel trinkt und dich ständig belästigt, ist unser Vater. Mich hat er, weil er Geld für seine Trinkerei brauchte, an einen Ehemann verkauft, der mich nicht liebt. Nosim ist noch zu jung, um zu heiraten. Sie lebt bei ihm. Er vertrinkt alles Geld. Kannst du dich nicht um meine Schwester kümmern?" Bittend sahen mich die beiden an.

Was sollte ich nur auf diese Frage antworten? In meinem Haus aufnehmen konnte ich Nosim nicht, denn nach Massai-Sitte gehörte sie ihrem Vater, und der hätte sie nicht freigegeben. Denn er brauchte seine Tochter, um für ihn zu sorgen, sprich, das Mädchen musste täglich Feuerholz und Wasser holen und ihren Vater abends nach der Schule bekochen.

Ein kurzes innerliches Stoßgebet, und schon hatte ich die Antwort: „Okay, Nosim, wann immer du Hunger hast, du bekommst bei mir Essen. Ich helfe dir, wenn du etwas für die Schule brauchst. Aber mehr kann ich im Moment nicht für dich tun."

Damit gaben sich Nembuan und Nosim zufrieden.

In der Folgezeit besuchte Nosim mich oft und taute bei jedem Gespräch ein wenig mehr auf. Ich erfuhr von ihr, wie es in der Grundschule zuging. Nach und nach zog sie mich auch ins Vertrauen über ihr Leben mit ihrem versoffenen Vater. Nosim erlebte täglich Furchtbares, aber sie war nicht verbittert. Tapfer ertrug sie es, geschlagen zu werden, und kümmerte sich rührend um ihren alten Vater.

„Wenn ich mit der Grundschule fertig bin, hilfst du mir dann, zur Sekundarschule zu gehen? Am besten so weit wie möglich von hier weg. Mein Vater verkauft mich sonst als Ehefrau an einen irgendeinen alten Kerl!“, flehte Nosim mich an.

„Das kann ich nur machen, wenn dein Vater einverstanden ist.“

Lange überlegte ich, wie ich ihr helfen konnte. Doch kurz vor Abschluss der Grundschule sah ich Nosim nicht mehr.

„Nembuan, was ist mit deiner Schwester? Warum kommt sie nicht mehr zu mir?“

„Sie ist schwanger und traut sich deshalb nicht!“

„Sag ihr, dass sie vor mir keine Angst haben muss und jederzeit bei mir willkommen ist.“

Allerdings hatte sie sich durch die Schwangerschaft den Weg verbaut, weiter zur Schule gehen zu können. Ihr Vater prügelte sie halb tot, um zu erfahren, wer der Vater des Kindes war. Aber Nosim schwieg.

Nachdem sie sich von den Prügeln erholt hatte, verkaufte der Vater Nosim als zweite Frau an einen alten Mann. Nach Massai-Tradition gehörte das uneheliche Kind nach der Hochzeit dem Ehemann und nicht mehr dem leiblichen Vater. Auch für Nosims Vater war mit der Heirat seiner Tochter das Problem gelöst: Er war die Verantwortung für seine Tochter und Enkeltochter los und der Brautpreis kam dem ständig geldknappen alten Trunkenbold gerade recht.

Der Brautpreis richtet sich nach Familienabstammung, Gesundheitszustand, Schönheit (hier gilt in Afrika: Je dicker eine Frau ist, desto schöner und gesünder ist sie!) und dem Bildungsgrad der Frau. Für gewöhnlich wird er einige Monate vor der Hochzeit ausgehandelt. Aber einem Mann versprochen werden die Mädchen schon als Babys oder Kleinkinder, manchmal sogar schon während der Schwangerschaft, nach dem Motto: „Wenn es ein Mädchen wird …“

Der zukünftige Ehemann muss dann so lange warten, bis das Mädchen heiratsfähig ist. Nach dem tansanischen Gesetz darf ab einem Alter von 18 Jahren geheiratet werden. Doch nach Stammestradition ist dieser Zeitpunkt gekommen, sobald das Mädchen sich von ihrer Beschneidung erholt hat.

Obwohl die Beschneidung von Mädchen in Tansania eigentlich verboten ist, wird sie immer noch bei vielen Stämmen heimlich durchgeführt. Bei den Massai werden den Mädchen von einer alten Frau irgendwo im Busch gleich nach der ersten Periode die Klitoris und die inneren Schamlippen mit der Rasierklinge entfernt. Dieses furchtbare, unglaublich schmerzhafte Ritual wird durchgeführt, weil die Massai glauben, dass ein Mädchen erst nach der Beschneidung eine erwachsene Frau ist. Dabei wird die Frau hiermit lebenslänglich verstümmelt, viele schmerzhafte Komplikationen treten auf, bis hin zu vielen Todesfällen durch Infektionen. Spätestens bei der Geburt des ersten Kindes ist dann nochmals akute Lebensgefahr angesagt, weil der Geburtskanal durch die Vernarbungen zu eng und wenig dehnbar geworden ist. Dennoch wollen alle Massai-Mädchen „zu richtigen Frauen werden", und kein traditioneller Massai-Mann würde eine Unbeschnittene heiraten.

Über die Jahre hinweg suchte ich immer wieder das Gespräch über dieses Thema. Dabei stellte ich viele Fragen und gab den Massai Zeit und Anregungen, selbst darüber nachzudenken, was sie da eigentlich taten. Es war sehr mühsam und schien wenig effektiv zu sein.

Doch ich traute meinen Ohren kaum, als eines Tages eine ganze Gruppe junger christlicher Massai-Männer zu mir kam und mir ein ausformuliertes Schriftstück vorlegte, in dem stand, was sie alles durch ihren Glauben an Jesus Christus heute anders sehen als früher und gern verändern möchten. Unter anderem stand doch da tatsächlich, dass sie die Frauenbeschneidung nicht mehr guthießen und sich dagegen einsetzen wollten!

Ich schaute sie erstaunt an und fragte den Wortführer unter ihnen: „Würdest du denn selbst eine unbeschnittene Frau heiraten?"

„Ja, Sister!"

„Aber wie seid ihr denn darauf gekommen? Warum wollt ihr nicht, dass die Frauen weiter beschnitten werden?", wollte ich wissen.

„Weißt du, früher, als die Mädchen noch nicht zur Schule gehen durften, haben wir Massai ihre Menschenrechte gebeugt und ihnen sogar gutes Essen in der Schwangerschaft vorenthalten, damit die Babys nicht so groß werden. Aber jetzt kennen die Mädchen dank der Schule ihre Rechte und lassen sich nicht mehr einschränken, auch nicht, was das Essen angeht. Dann werden die Babys groß und bei den beschnittenen Frauen gibt es Komplikationen. Wir als Christen finden, wir sollten das Beste für die Gesundheit unserer Frauen und Kinder tun. Wir haben keine Angst mehr, dass uns etwas Schlimmes passiert, wenn wir mit alten Traditionen brechen, die nicht gut sind. Wir dürfen unser Leben mit Gottes Hilfe neu gestalten."

Wie es Nosim nach ihrer Hochzeit erging, hat sie mir leider nicht erzählt. Sie schämte sich zu sehr. Vielleicht wurde sie sogar absichtlich schwanger, damit sie endlich von ihrem alkoholsüchtigen Vater weg kam. Auf jeden Fall traf ich sie später als Mutter wieder, und sie wirkte durchaus glücklich.

Kapitel 3

Schnellkurs in Augenmedizin

„Was machst du denn schon hier? Dein Kurs geht doch erst in fünf Wochen los!“, begrüßte mich Dr. Isseme bei meiner Ankunft nach anstrengenden Einsatzwochen in der Steppe und einer mehrtägigen Fahrt nach Mvumi bei Dodoma.

„Ach du meine Güte! Und jetzt?“, fragte ich. Seine Mitarbeiterin hatte mir irrtümlicherweise das falsche Datum für den Kursbeginn mitgeteilt.

„Fahr am besten zurück und komm dann wieder“, schlug er mir vor.

Mein NMMU-Jahresplan stand. Eine zeitliche Änderung war absolut unmöglich, und an Zurückfahren war bei bestem Willen nicht zu denken. In meinem Kopf drehte sich alles. Was sollte ich tun? Der Augenkurs war wichtig, um meine Arbeit fachkompetent weiterzuführen.

Dr. Isseme verstand die Situation und lenkte ein: „Na gut. Morgen beginnst du mit dem dreiwöchigen Wiederholungskurs. Danach lernst du zwei Wochen lang beim regulären Betrieb der Augenabteilung alles, was dich interessiert. Anschließend nimmst du fünf Wochen am zehnwöchigen Augenarzthelferkurs teil. Du musst dann allerdings die Prüfung vorzeitig allein ablegen. Aber das schaffst du schon.“

Sofort erklärte ich mich damit einverstanden. Hauptsache, ich wurde endlich richtig ausgebildet, weil es immer schwieriger für mich wurde, Augenpatienten zu behandeln, ohne wirklich Ahnung davon zu haben. Die kurzen Erklärungen von John waren gut für den Anfang, aber reichten mir bald nicht mehr aus.

In ganz Tansania, einem Land doppelt so groß wie Deutschland mit einer Bevölkerung von 30 Millionen Menschen, gab es weniger als 20 ausgebildete Augenärzte! Eine augenmedizinische Grundversorgung besonders auf dem Land war in keiner Weise gewährleistet. Die Christoffel-Blindenmission unterstützte aus diesem Grund die Ausbildung von Augenarzthelfern. Sie sollten an der Basis die Patienten versorgen und nur die wenigen Fälle, die sie nicht eigenständig behandeln konnten, an die Fachärzte weiterleiten. Das Mvumi-Krankenhaus war für seine Augenabteilung berühmt. Unzählige Ärzte und Krankenschwestern erhielten hier eine Zusatzausbildung in Augenheilkunde. Dr. Marilyn Scudder, eine amerikanische Augenärztin, und Dr. Isseme bildeten nicht nur aus, sondern behandelten auch die schwierigsten Fälle mit guten Erfolgen. Ihr hervorragender Ruf reichte weit über die Grenzen von Tansania hinaus.

Wenige Tage nach meiner Ankunft befand ich mich in einem Dorf. Vor mir auf dem alten Holztisch lag eine ältere Dame, und ich sollte sie operieren, ohne je auch nur die Theorie zu einer solchen Behandlung gehört zu haben!

Zuvor hatte ich meine Vorgänger aus dem Wiederholungskurs genau beobachtet, wie sie ihre eingerosteten Erfahrungen neu an lebenden Menschen ausprobierten. Das Zittern ihrer Hände machte mich schon beim Zuschauen ganz kribbelig. Ganz fest hatte ich mir vorgenommen, es besser zu machen.

Jetzt war ich also an der Reihe. Die anderen Kursteilnehmer umringten mich, um mir zuzusehen. Nervös zog ich mir die sterilen Handschuhe über und begann mit der Operation. Gut, dass Gilbert, unser außerordentlich guter Praxisanleiter, dabei war. Geduldig erklärte er mir Schritt für Schritt. Ich operierte die durch chronische Trachom-Infektion nach innen gedrehten Augenlider. Nachdem ich die Augenlider zunächst auseinandergeschnitten und dann wieder neu zusammengenäht hatte, konnten die Wimpern nicht mehr auf der Hornhaut reiben.

Die Operation glich einer feinen Bastelarbeit. Dank Gilberts präziser Instruktionen gelang sie gut. Tatsächlich, ich hatte es geschafft, ohne zu zittern! Allerdings war ich klitschnass geschwitzt. Mit wackeligen Knien verließ ich den Raum und stellte mich draußen zum Trocknen in den warmen Wind. Eine große Last fiel von mir ab.

Für die Frau, die ohne diesen Eingriff in wenigen Monaten blind geworden wäre, bedeutete mein Einsatz, dass sie ihr Augenlicht behalten würde und von ihren starken Schmerzen erlöst war. Nur für einen Tag musste sie einen Augenverband tragen. Eine Woche später bekam sie die Fäden gezogen. Nach der zweiten Woche waren die Spuren der OP nur noch mit fachkundigem Blick zu erkennen.

Diese sogenannten Augenlidrotationen beherrschte ich nach einem weiteren Übungstag, an dem ich 8 Stunden nonstop operierte, ganz gut. Wie auch alle anderen Kursteilnehmer erhielt ich mein eigenes Operationsset. Damit konnte ich ab sofort an jedem Ort, ob in einer Lehmhütte oder unter einem Baum, Menschen durch diese kleine OP davor bewahren, blind zu werden.

„Marianne ist tot!"

Tränen schossen mir in die Augen. „Was? Warum?"

„Wahrscheinlich Malaria. Sie war hier bei uns in Dodoma und litt unter furchtbaren Kopfschmerzen. Dann reiste sie zurück nach Morogoro, um sich zu erholen. Mehr wissen wir nicht."

Ich konnte mich nicht mehr auf meinen Augenkurs konzentrieren. Mit meinen Kollegen Ursula und Reinhard fuhr ich zur Beerdigung. Erst dort erfuhr ich mehr. Nachbarn hatten Marianne gegen 17 Uhr bewusstlos in ihrer Wohnung aufgefunden. Der ortsansässige Hilfsarzt behandelte sie auf Verdacht mit Infusionen gegen Malaria. Nichts tat sich. Das Krankenhaus in Dar es Salaam wurde benachrichtigt, doch sie konnten nachts keinen Krankenwagen schicken, weil die Straßen in der Dunkelheit zu unsicher waren. Kollegen hielten bei der Schwerkranken Nachtwache. Der Krankenwagen brach bei Tagesanbruch auf, brauchte mehr als zwei Stunden für die lange Strecke und kehrte erst gegen Mittag mit der noch lebenden, aber bewusstlosen Marianne ins Krankenhaus zurück. Wenige Stunden darauf starb sie. Tests ergaben eine Meningitis-Infektion.

Es war meine erste Beerdigung in Tansania. Einige hundert Menschen saßen auf Bänken vor Mariannes Haus. Die Trauer stand ihnen in ihre Gesichter geschrieben. Während einige Lieder gesungen wurden, quälten mich meine Gedanken. *Ob ihr wirklich nicht geholfen werden konnte?*

Ständig schossen mir alle „Wenns" und „Abers" durch den Kopf. Es half nichts: Marianne war tot.

Hilflos stellte ich mich mit in die Reihe. Alle Trauergäste nahmen ausnahmslos Abschied von der in ihrem Haus aufgebahrten Marianne. Der Reihe nach schritten wir am geöffneten Sarg vorbei. Das war so Sitte hier.

Der Platz in der Kirche reichte bei dem anschließenden

Trauergottesdienst nicht aus. Viele der Trauergäste setzten sich deshalb draußen hin. Unter den Trauergästen befanden sich ungefähr 10 Weiße, aber einige hundert Afrikaner. Noch nie hatte ich so eine bewegende Trauerfeier erlebt. Marianne war in ihrem Gastland beliebt gewesen, daran gab es keine Zweifel.

Auf die Frage nach dem Warum fand ich keine Antwort. Allerdings fiel mir ein Gespräch mit Marianne ein, das mich ein wenig tröstete:

„Was soll ich nur machen, wenn ich alt werde?“, hatte sie damals geklagt. „In Schweden bin ich nicht mehr zu Hause. Ich kenne fast niemanden dort. Hier in Tansania fühle ich mich wohl. Aber die Menschen sind arm und haben ein hartes Leben, ich möchte ihnen auf keinen Fall zur Last fallen. Sie haben es schwer genug.“

So war ihr wenigstens diese Entscheidung erspart geblieben. Wer weiß, vielleicht hätte sie sich sogar ein Ende gewünscht wie das, was ihr beschert wurde – ohne langes Leid und in ihrem geliebten „Adoptiv-Heimatland“ …

„Wenn du eine alte Frau in der Mwanza-Region bist, einen krummen Rücken und rote, entzündete Augen hast und zufällig zu der Zeit jemand in der Nachbarschaft verstirbt, kann es sein, dass dir ein Buschmesser in den Nacken gehauen wird. Warum? Weil jeder denkt, du bist eine Hexe, und dich für den Tod verantwortlich macht.“

Dr. Isseme wusste, wovon er sprach. Er stammte aus diesem Teil Tansanias. In seiner ruhigen Art vermittelte uns der große Mann nicht nur jede Menge Theorie, sondern brachte uns das tägliche Leben der Menschen nahe.

Er verstand es, seine Schüler zu motivieren. Durch seinen Unterricht lernten wir Menschen und nicht nur erkrankte Augen zu sehen.

„Vergesst nicht: Wenn ihr verhindert, dass ein Mensch erblindet, verlängert ihr sein Leben. Hierzulande haben Blinde eine durchschnittliche Lebenserwartung von höchstens 30 Jahren. Bei jeder Hungersnot sind sie diejenigen, denen zuerst das Essen vorenthalten wird."

Obwohl er im Unterricht offen über schlimme Probleme sprach, wirkte Dr. Isseme nie verbittert. Nicht einmal, wenn er über die Korruption seiner Arztkollegen redete, die aus reiner Profitgier Patienten leiden, ja sogar sterben ließen, klang er entmutigt. Er lebte einfach das Gegenteil. Mit ganzer Liebe und Aufmerksamkeit widmete er sich der Person, die seine Hilfe brauchte – völlig unabhängig davon, ob ein schmutziger, armer Analphabet oder ein hoch angesehener Parlamentsabgeordneter vor ihm stand. Ich bewunderte ihn und wollte so viel wie möglich von ihm lernen.

Als wir gerade über chemische Augenverletzungen unterrichtet wurden, riefen uns die Kollegen aus dem Klassenraum ins Krankenhaus. Ein Mann benötigte dringende Hilfe. Er hatte eine Ladung Schrot Marke Eigenbau ins Gesicht bekommen. Dieses Schrotgemisch, bestehend aus Schwarzpulverkügelchen, war eine chemische Verletzung, also hatten wir einen Praxisfall zu dem, was wir gerade theoretisch gelernt hatten.

Der Verunglückte lag flach auf dem Rücken. Sofort spülten wir seine Augen mit 20 Litern Wasser. Gewaltsam öffneten wir seine bereits total verquollenen Augenlider und forderten den Mann auf, seine Augen zu bewegen, während wir langsam das Wasser hineingossen. Unter starken Schmerzen folgte er unseren Anweisungen. Nach der Spülung prüften wir das Sehvermögen. Er konnte nur noch die

Finger direkt vor seinem Gesicht zählen. Weiter entfernte Dinge waren für ihn nur verschwommen wahrnehmbar. Die unangenehme Spülung wurde wiederholt. Je mehr wir von den Fremdkörperpartikeln aus seinen Augen bekamen, desto besser war seine Chance auf Heilung. Nach der Tortur versorgten wir ihn mit einer antibiotischen Augensalbe und verbanden seine Augen.

Diese „Rosskur" zeigte guten Erfolg: Täglich verbesserte sich sein Sehvermögen. Nach nur einer Woche konnten wir ihn mit recht gutem Sehvermögen entlassen.

Wer würde diese Lektion jemals wieder vergessen? Theorie und Praxis lagen in Mvumi sehr eng beieinander.

„Ihr müsst immer daran denken: Wir sind nur zweite Wahl. Die Leute vertrauen ihren traditionellen Heilern mehr als unserer westlichen Medizin!", schärfte Dr. Isseme uns ein.

Früher hießen sie Zauberdoktoren, heute spricht man von „traditionellen Heilern". Gemeint sind die Menschen, die auf althergebrachte Weise Kranke behandeln. Dabei ist von Hokuspokus, Quacksalberei, reiner Geldmacherei und Geisterbeschwörung bis hin zu fundierter Naturmedizin alles möglich. Je nach Stamm unterscheiden sich die Praktiken dieser Medizinmänner. Bei den Massai fand ich zu den bereits aufgezählten Dingen ein weites Spektrum an hoch wirksamer Naturmedizin. Doch Augen konnte keiner dieser Heiler gut behandeln. Bei der harmlosesten Variante goss der Heiler seinen eigenen Urin als Medizin in die Augen.

Eine Mutter kam mit ihrem 5 Jahre alten Sohn zur Augenuntersuchung. Sobald ich den Jungen von Nahem sah, war die Sache klar: Beide Augen waren dick weiß vernarbt. Die Hornhaut war komplett zerstört. Der Kleine würde nie wieder sehen können. Was war geschehen?

Wegen einer harmlosen Augenentzündung des Kleinen

hatte die Frau den Heiler aufgesucht. Er wählte ein scharfes Mittel; höchstwahrscheinlich war es eine am Dorfkiosk gekaufte Tetracyclin-Kapsel. Er brach sie in zwei Teile und streute dem Kind das Pulver in die Augen. Das verätzte die Hornhaut und fügte dem Kleinen wahnsinnige Schmerzen zu.

Inzwischen war der Junge schmerzfrei, doch die Verätzung, verheilt und vernarbt, hatte ihn unwiderruflich blind gemacht.

Ein blindes Kind aufzuziehen würde die Familie das Zehnfache kosten wie bei einem sehenden Kind. Eine arme Familie davon zu überzeugen, so viel in ein „nutzloses" Kind zu investieren, war schwer. Möglichst schonend brachte ich der Mutter bei, dass ihr Sohn lebenslang blind bleiben würde. Es gab nichts, was ich noch für ihn tun konnte. Vorsichtig erklärte ich ihr auch die Ursache der Erblindung. Das war eine Gratwanderung, denn der traditionelle Heiler genoss großes Ansehen und das Vertrauen seiner Leute. Ich war dagegen völlig fremd für sie. Obwohl ich immer ein gutes Verhältnis und wenn möglich eine Zusammenarbeit mit den Heilern suchte, musste ich in diesem Fall durch Aufklärung eine Wiederholung einer solchen „Therapie" an anderen Menschen verhindern.

Die Resultate solcher gescheiterten Versuche einer Augentherapie kamen oft zu uns; meist leider hoffnungslos zu spät. Wenn der Patient Glück hatte und sich kräftig genug gegen die schmerzhafte Therapie wehrte, ließ der „Helfer" nach dem ersten Auge von ihm ab. Dann blieb wenigstens ein sehfähiges Auge übrig. Hierzulande ging der Verlust der Sehkraft eines Auges weder den Betroffenen noch dem medizinischen Personal sonderlich nah. Mit einem Auge konnte man ja noch alles sehen. Warum ich mich darüber so aufregte, verstand hier niemand.

Doch es gab noch viele andere Dinge, die mich ärgerten:

Brutal schlugen besoffene Ehemänner ihre Frauen krankenhausreif. Besonders nach den Wochenenden kamen die geprügelten Frauen zu uns. Häufig hatten sie blutrote Augen. Das sah schlimmer aus, als es war. Wie ein blauer Fleck heilte es schnell und folgenlos aus. Aber manchmal bewirkte so ein Faustschlag aufs Auge auch eine Erblindung, wenn durch den starken Druck der Sehnerv abstarb. Das äußerlich intakte Auge wurde von innen für immer zerstört.

Eine verzweifelte Frau kam zu mir und berichtete, wie ihr Mann sie volltrunken mit dem Messer attackiert hatte. Der Schnitt zog sich von oben nach unten durch ihr Gesicht, haarscharf am Auge entlang. Sowohl das obere als auch das untere Augenlid waren durchtrennt. Doch sie hatte unsagbares Glück gehabt: Ihr Auge blieb verschont.

Als sie auf dem OP-Tisch lag und Dr. Isseme in mühevoller Kleinarbeit die Augenlider wieder zusammennähte, fragte ich ihn aus, während ich ihm assistierte: „Wie soll die Frau ihren Mann jemals wieder lieben können, nachdem sie durch seinen Angriff ein so entstelltes Gesicht hat?“

„Es wird von Ehefrauen nicht erwartet, dass sie ihre Männer lieben. Sie sollen ihnen nur gehorchen. So ist das hier in Afrika“, erklärte mir der erfahrene Mann.

„Meinst du etwa, sie geht zu ihrem Mann zurück?“, fragte ich schockiert.

„Sie hat keine andere Wahl. Frauen gehören ihren Ehemännern und müssen ihnen zu Willen sein. Davon sind alle überzeugt. Nicht einmal ihre eigenen Eltern oder ihre Verwandten würden zu ihr halten. Wo sollte sie hin?“

Fassungslos machte ich weiter, bis wir fertig waren.

Am nächsten Tag herrschte im Operationssaal wie üblich gute Stimmung. Laute, fröhliche Musik erfüllte den Raum. Singend und sich im Rhythmus bewegend assistierten die Schwestern den Augenärzten beim Operieren.

Trotz scheinbarer Lockerheit wurde jede Operation mit äußerster Konzentration durchgeführt. Fast keiner der Patienten erhielt dazu eine Vollnarkose. Mit lokaler Betäubung ließen sie den Eingriff willig über sich ergehen. Ein großer Teil dieser Menschen war vor der Operation durch Grauen Star erblindet. Nun wurde die getrübte Linse entfernt und durch eine künstliche Linse ersetzt.

Richtig spannend war dann immer am darauffolgenden Tag der erste Verbandswechsel. Oft waren die Leute jahrelang blind gewesen, bevor sie sich operieren ließen. Jetzt nahm Dr. Isseme einem nach dem anderen den Verband ab. Augenblicklich zog sich ein Lächeln von einem Ohr bis zum anderen über das Gesicht des Betroffenen. Freudentränen folgten. Diese Freude steckte an. Nicht selten weinten der Operateur und die anwesenden Krankenschwestern mit. Auch ich konnte dann meist die Tränen nicht zurückhalten.

Eine Woche später gingen die zuvor Blinden sehend nach Hause. Jeder von uns Kursteilnehmern begeisterte sich immer neu für diese Arbeit. Die Fälle, in denen wir nicht helfen konnten, waren eine Seltenheit verglichen mit den vielen anderen, die geheilt oder zumindest viel besser sehend nach Hause gehen konnten.

In ganz Tansania gab es nur einen Ort für Lasertherapie, und das war Mvumi. Dr. Marilyn Scudder beherrschte diese Behandlungsmethode gut. Sie war stets auf dem neusten Stand, was Augenheilkunde anging. Vor Jahren hatte sie Dr. Isseme in Augenmedizin geschult. Nun arbeiteten sie als starkes Team Seite an Seite.

Jeden Tag nach Feierabend klinkte ich mich noch freiwillig in Dr. Scudders Sprechstunde ein und ging ihr zur Hand. Mich faszinierten auf der einen Seite ihre hervorragenden Fachkenntnisse und ihr medizinisches Geschick und auf der anderen Seite ihr Umgang mit Menschen verschiedenster Herkunft. Außer ihrer Muttersprache sprach Marilyn fließend Swahili, einige indische Dialekte und Arabisch. Außerdem kannte sie zumindest ein paar wichtige Sätze in vielen anderen Sprachen. Sie begrüßte fast jeden Patienten in seiner Muttersprache, mit einem festen Händedruck und intensivem Blickkontakt. Meist drückte sie ihr Mitgefühl für das Problem des jeweiligen Menschen aus, indem sie ihre Hand auf seine Schulter legte. Dessen mitgebrachte Ängste und Anspannung lösten sich in wenigen Augenblicken auf. Erst nach eingehender Unterhaltung untersuchte sie dann die Augen ihrer Patienten mit den modernsten technischen Geräten.

Was immer sie auch Spannendes entdeckte, zeigte sie mir voller Begeisterung. Noch nie im Leben hatte ich so eine inspirierende Lehrerin gehabt. So lernte ich täglich Neues dazu.

Trotz ihrer Schülerin ließ sich Dr. Scudder nicht von ihren Patienten ablenken. Ihnen ständig zugewandt, ließ sie sie an ihren Entdeckungen teilnehmen. Anschließend erklärte sie das Krankheitsbild und die Therapie detailliert, bis die Betroffenen alles verstanden hatten.

Jeden Abend wurde es spät. Alle anderen Mitarbeiter der Augenabteilung waren immer schon seit Stunden daheim, wenn wir Feierabend machten. Aber das war mir egal. Ich wollte nichts verpassen oder Marilyn mit ihrer vielen Arbeit allein lassen.

Eines Abends war nur noch ich allein in der Augenambulanz. Es war der Abend vor Marilyns Urlaubsreise. Sie wollte in Ruhe ihre Koffer packen und am nächsten

Tag zeitig aufbrechen. Als ich gerade im Begriff war, die Tür abzuschließen, stand plötzlich eine 19-jährige Engländerin vor mir. Die nackte Panik stand ihr ins Gesicht geschrieben und die Worte sprudelten förmlich aus ihr hervor: Wenige Tage zuvor war sie auf einer Bergtour auf dem Kilimandscharo gewesen. Am Morgen nach der Tour auf den knapp 6.000 Meter hohen Berg schaute sie in den Spiegel – und konnte sich nicht sehen. Völlig verschlafen merkte sie dann, dass sie nur mit einem Auge hingesehen hatte. Sie öffnete das zweite Auge und konnte ihr Spiegelbild sehen. Sie atmete auf. Doch was war mit dem anderen Auge los? Bis auf einen kleinen Randbereich war es blind. So schnell sie konnte reiste sie nach Mvumi, wo sie nun mich antraf.

Ich hatte keine Ahnung, was da passiert sein könnte, bemühte mich aber, Jane* zu beruhigen. Der Reihe nach nahm ich alle mir bekannten Augenuntersuchungen vor. Als ich einen Blick auf die Netzhaut warf, sah ich die Bescherung: Mitten auf der Stelle, an der die meisten Sehzellen sitzen, machte sich ein Bluterguss breit. Dieser winzige Tropfen Blut versperrte der jungen Frau regelrecht die Sicht. Doch wie war die Prognose? Würde sie auf diesem Auge je wieder sehen?

Nachdem ich Jane gebeten hatte, kurz auf mich zu warten, rannte ich im Eiltempo zu Dr. Scudders Haus. Es tat mir leid, sie zu stören, aber dies war schließlich ein Notfall. Die Ärztin lieh mir ihr Ohr. Blitzschnell folgerte sie aus meinen Schilderungen, dass Jane durch den schnellen Abstieg und den Druckunterschied eine Einblutung in die Netzhaut bekommen hatte. Wie ein blauer Fleck würde sich diese kleine Einblutung im Laufe der nächsten sechs Wochen zurückbilden, und mit etwas Glück würde die volle Sehkraft zurückkommen.

Froh über diese positive Nachricht ging ich in die Ambulanz zurück. Jane war mehr als glücklich, als ich ihr alles erklärte. Von hohen Bergen hatte sie jedoch erst einmal die Nase voll.

„Es ist das letzte Mal, dass du für die Beerdigung deiner Mutter freibekommst. Sie ist nun achtmal gestorben. Jetzt ist sie aber doch wohl wirklich tot!“, sagte ein Verwaltungsangestellter zu einem Krankenhausmitarbeiter.

Verdutzt fragte ich eine Mitarbeiterin: „Warum habt ihr ihm denn achtmal freigegeben? Man hat doch nur eine Mutter.“

„Nein, hier in Afrika haben die Leute mehrere Mütter. Auch alle Schwestern der leiblichen Mutter werden *Mama* genannt. Je nachdem, ob sie älter oder jünger als die Mutter sind, heißen sie *Mama mkubwa* oder *Mama mdogo*, sprich, große Mutter oder kleine Mutter“, erläuterte sie mir.

Aber ganz gleich, wie viele Tanten noch sterben würden, sie wollten diesem Mitarbeiter nicht mehr freigeben. Seine Verwandten lebten weit entfernt, und für jede Beerdigung verschwand der besagte Mitarbeiter mindestens eine Woche lang, manchmal auch mehrere Wochen. Die Anreisen waren lang, die Busverbindungen schlecht. Trotz immensen Arbeitsausfalls konnte jedoch niemand etwas dagegen sagen. Er war ja nicht der Einzige, der häufig wegen Beerdigungen unterwegs war. Jeder verstand das, war es doch Teil der hiesigen Kultur, unbedingt an sämtlichen Beerdigungen in der Verwandtschaft teilzunehmen.

Insgeheim ärgerte ich mich darüber. Wie oft starben Menschen hier, weil sie kein Geld für notwendige Medikamente oder für einen Krankenhausbesuch besaßen!

Doch kaum waren sie tot, rissen sich sämtliche Verwandte förmlich ein Bein aus, um die hohen Reisekosten und Geld zum „pole sagen“ aufzubringen.

Pole ist ein Swahili-Ausdruck der Anteilnahme. Wenn jemand hart arbeitet, sagt man ihm anerkennend-mitleidig „pole“. Wenn sich der Bus verspätet oder irgendetwas schiefgeht ist „pole“ das richtige Wort des Trostes. Mit „pole sagen gehen“ ist in diesem Fall ein mehrtägiger Beileidsbesuch gemeint, bei dem die Angehörigen dem Trauerhaus einen möglichst hohen Geldbetrag überreichen, um damit die Beerdigung und die Verköstigung der vielen Trauergäste zu ermöglichen. Auch wenn es zeitlich und finanziell eng aussieht, die Menschen in Tansania machen sich auf den Weg. Nicht wenige machen sogar Schulden, um diesem Brauch gerecht zu werden. Denn nach traditionellem Verständnis droht jeder unter einen Fluch zu fallen, der sich nicht an diese Tradition hält.

Warum aus Angst vor Flüchen in manchen Fällen mehr Geld für einen Beileidsbesuch ausgegeben wurde als der Betrag, der zur Rettung eines Lebens notwendig gewesen wäre, ging in meinen deutschen Kopf allerdings nicht hinein.

Mit den Augenkurs-Teilnehmern am Wochenende einen Videofilm zu schauen war das Highlight der Woche. Gemeinsam mit den anderen freute ich mich auf die willkommene Abwechslung und nahm nichtsahnend im Klassenzimmer Platz. Die Vorstellung begann.

Der Film, wie ich heute weiß, ein Kultfilm für viele, trug den Titel *Serafina*. Dieser spannende Streifen spielte in

Südafrika zur Blütezeit der Apartheid-Politik. So sehr mich die Geschichte auch fesselte, ich fühlte mich immer unwohler in meiner weißen Haut; saß ich doch als einzige Weiße unter lauter Schwarzen und musste mit ansehen, wie die weißen Rassisten in dem Film schwarze Menschen verachteten, misshandelten, ja sogar töteten. Obwohl ich nie in meinem Leben so über Schwarze gedacht hatte, wurde ich immer kleiner auf meinem Stuhl. Ich schämte mich, ja es tat mir richtig weh zu sehen, was dort geschah. Der Film malte sehr schwarz-weiß. Alle Weißen wurden als böse dargestellt. Wie würden mich meine Freunde hinterher ansehen? Der nette Unterhaltungsabend endete für mich in tiefer Nachdenklichkeit. Es war spät, betroffen und müde ging ich in mein Quartier.

Am nächsten Tag im Klassenzimmer mit meinen afrikanischen Kollegen war alles wie immer. Die Atmosphäre war freundlich und locker. Nicht einer meiner schwarzen Kollegen schien in mir auch nur im Entferntesten einen weißen Rassisten zu sehen. Die ganze Bedrückung, die mich am Abend zuvor wie dichter Nebel umgeben hatte, war vollkommen verflogen.

Kapitel 4

Immer im Einsatz

Völlig außer Atem rief John mir zu: „Sister, komm schnell, das Kind stirbt!"

Sofort schnappte ich mir den Autoschlüssel.

„Die Atemgeräusche sind fast null. Wir müssen sofort nach Wasso ins Krankenhaus!", fuhr John fort.

Völlig verängstigt hielt Israeli* seinen leblosen kleinen Sohn auf dem Arm. So schnell wir konnten stiegen alle ein und ich raste los. Wir flogen nur so über die Schlaglöcher. Es ging um Leben und Tod. Jede Minute zählte. Wie Kaugummi zogen sich die zehn Minuten Autofahrt bis nach Wasso hin. Innerlich flehte ich Gott um Hilfe an. Niemand brachte auch nur ein Wort über die Lippen. Totenstille erfüllte das Auto.

Im Krankenhaus stürmten wir die Ambulanz. John kommandierte das Personal herum. Schnell befolgten sie seine Anweisungen und saugten das Kind ab. Der kleine Noeli* hustete und erbrach sich. Geschafft, er lebte. Wir hätten keine Sekunde später kommen dürfen.

Wie von einer riesigen Last erlöst schaute der Vater uns an. „Danke! Ihr habt meinem Sohn das Leben gerettet."

Am nächsten Tag besuchte Israeli mich und sagte: „Wir haben nicht viel. Bitte nimm diese Eier als Dank für deine Hilfe gestern."

Israeli überreichte mir strahlend drei Eier. Er hatte zehn

Kinder, die er mit Mühe durchbrachte. Bescheiden lebte er mit seiner Familie in einer kleinen Lehmhütte. Und jetzt sollte ich ihnen das Wenige, was sie besaßen, wegessen? Andererseits konnte ich ihn nicht vor den Kopf stoßen. Eine Ablehnung seines Geschenks hätte ihn zutiefst beleidigt. Also streckte ich nach tansanischer Sitte respektvoll beide Hände aus und nahm die Eier an.

„Was hat Noeli denn da für eine Beule am Kopf?", fragte ich nach.

Schon am Tag zuvor war mir eine große Beule mitten auf der Stirn des Jungen aufgefallen.

„Das ist eine Lücke im Schädelknochen. Jedes Mal, wenn Hirnsubstanz eingeklemmt wird, wird er ohnmächtig. Das war auch gestern so. Wir haben nur erst nicht gemerkt, dass er sich dabei verschluckt hatte."

„Kann man etwas dagegen tun?"

„Im Krankenhaus sagten sie, es sei eine komplizierte Operation. Sie können es hier nicht machen. Aber um nach Nairobi zu fahren, haben wir kein Geld."

Als Israeli gegangen war, fragte ich John über die Prognose aus.

„Ohne die Operation wird das Kind vermutlich bald geistig behindert sein und über kurz oder lang sterben", lautete seine Antwort.

Schnell einigten wir uns darauf, die Sache in die Hand zu nehmen. Manfred, der österreichische Chefarzt, setzte uns ins Bild. Er hatte schon gute Vorarbeit geleistet und Kontakt nach Nairobi aufgenommen. Dr. Ruberti, ein Neurochirurg am Nairobi Hospital, erklärte sich bereit, den Eingriff kostenlos durchzuführen. Über Funk sagte die AMREF (African Medical And Research Foundation), eine internationale Gesundheitsentwicklungsorganisation, uns zu, dass sie ein Bett im Kinderkrankenhaus organisieren und die Kosten dafür tragen würden. Wir als NMMU-Team boten an, den Transport zu übernehmen. Das Wasso-Hospital klärte alle Termine mit dem Operateur und dem Kinderkrankenhaus.

Jetzt fehlte nur noch das Geld für den Aufenthalt des Vaters in Nairobi. Ohne Elternteil konnten wir den Zweijährigen nicht allein im Krankenhaus lassen. Auf meine Anfrage reagierte die evangelische Kirche in Loliondo sofort mit einer großzügigen Spende für diesen Zweck. Genau der richtige Betrag kam am Sonntag in der eigens dafür erhobenen Kollekte zusammen.

Die Regentropfen trommelten die ganze Nacht über auf das Wellblechdach meines Hauses. Ausgerechnet in der Nacht, bevor wir Noeli nach Nairobi brachten, musste es wie aus Eimern schütten! Endlich brach der Morgen an. Die Wege würden eine einzige Schlammwüste sein. Doch wir hatten keine Wahl: Der OP-Termin stand fest.

Unser Freund Karyonki* begleitete Israeli mit seinem Sohn, John und mich. Mit Seilwinde, Schlammblechen, Spaten, Hacken, Macheten und einem extra hohen Wagenheber waren wir gut ausgerüstet auf dem Weg.

Die Straßenverhältnisse übertrafen meine schlimmsten Befürchtungen. Der Regen hatte die mir bekannte Strecke total verändert. Trotz fast neuer Reifen und Allradantrieb reagierte die Lenkung kaum. Wir rutschten auf dem schwarzen Schlamm in die tiefe Rille entlang des Weges. Mühsam kämpfte sich der Wagen einige Meter vorwärts. Ich gab Gas. Die Matschklumpen flogen bis aufs Dach, aber das Auto wurde immer langsamer, bis wir schließlich standen. Wir steckten fest. Beide Achsen lagen auf. Es genügte leider nicht, „nur" das schwere Auto aus der Fahrrille zu bugsieren. Wir mussten auch die Straße reparieren, um nicht gleich wieder stecken zu bleiben. Tatkräftig packten alle Mitreisenden mit an. Wir schlugen Äste mit den Macheten ab, sammelten Steine, begradigten den Weg mit den Hacken, füllten die Rinne auf und bahnten uns so Stück für Stück einen befahrbaren Weg. Kaum hatten wir ein paar Meter zurückgelegt, blieben wir an anderer Stelle stecken. So arbeiteten wir uns mit ganzer Kraft mühsam im Schneckentempo voran. Wenige Meter weiter saßen wir erneut fest.

Als mit den Schlammblechen nichts mehr zu machen war, setzten John und ich unseren hohen Wagenheber ein. Ehe ich mich versah, rutschte er weg und der Eisengriff knallte mir an den Kopf. Klatsch, da lag ich im Dreck.

Als ich wieder zu mir kam, umringten mich die besorgten Mitfahrer. Ihre Fragen konnte ich vor Schmerz nicht beantworten. Langsam ließ der Wahnsinnsschmerz nach. Vorsichtig fasste ich an meine linke Augenbraue und war überzeugt, dass dort ein großer Schnitt sein musste. Nicht ein Tropfen Blut klebte an meinen Fingern, aber ich fühlte, wie die Beule dicker wurde. Trotzdem freute ich mich, dass mein Auge verschont geblieben war. Hätte ich diesen Schlag direkt aufs Auge bekommen, wäre ich mit Sicherheit auf diesem Auge blind gewesen.

Ich biss die Zähne zusammen und stand auf. Der Wagen musste aus dem Dreck. Wir starteten den nächsten Versuch. Dieses Mal passte ich mit der Handhabung des Wagenhebers besser auf. Alles ging gut. Leider dauerte die Weiterfahrt nicht lange. Immer und immer wieder mussten wir uns aus den unmöglichsten Situationen befreien.

In meiner Zeit in Afrika hatte ich es mir zum Sport gemacht, mitzuzählen, wie oft ich auf welcher Fahrt stecken blieb. Bei dieser Reise war Zählen aber sinnlos, denn das Auto steckte mehr im Schlamm, als dass es fuhr …

Da standen wir schon wieder! Vor uns schoss ein reißender Fluss quer über die Buschpiste. Auf der anderen Seite war ein steiles Ufer. Metertiefe Furchen zerklüfteten die Fahrbahn. Aber immerhin standen am Rand einige

Bäume, mit deren Hilfe wir uns mit der Seilwinde durch den Fluss ziehen könnten. Mit Stöcken prüften wir die Bodenbeschaffenheit im Fluss. Der sandige Untergrund wirkte relativ fest.

Ich fasste mir ein Herz und raste im zweiten Gang mit Vollgas ins Wasser. So ein Pech, wir sackten in der Mitte ein. Das Wasser stand bis zu den Kotflügeln. Ich kletterte aus dem Seitenfenster auf die Motorhaube. Das Ende des Seils von der Seilwinde in der Hand schaffte ich es halbwegs trocken bis ans andere Ufer. Hier entdeckte ich, dass wir es ohne Vorarbeit nie schaffen würden, den Landcruiser herauszuziehen. Aber allzu lange wollte ich das Auto auch auf keinen Fall im Fluss stehen lassen. Denn würde der Regen erneut einsetzen, dann konnte die Strömung den Wagen fortreißen. So schnell wir konnten füllten wir die gewaltigen Furchen auf und schlugen uns einen Weg zum kräftigsten Baum frei. Ein dickes Tau um den Baum gelegt, das Stahlseil eingehängt, und die Aktion konnte starten. Mit Unterstützung der Seilwinde fuhr ich den Wagen vorsichtig aus dem Fluss. Unsere aufgefüllten Löcher hielten dem Gewicht des Geländewagens nicht stand. Wir steckten wieder fest, aber immerhin an Land. Nach einer Stunde waren wir auch aus diesem Problem raus und setzten die Reise fort.

Erschöpft und dreckig, aber überglücklich trafen wir rechtzeitig zur Operation in Nairobi ein. Zwei volle Fahrttage hatten wir für die 320 Kilometer gebraucht. Die Menschen gafften uns mit aufgerissenen Mündern nach. Unser Auto, von oben bis unten voller Schlamm, ließ nicht einmal die Originalfarbe erahnen. Das Nummernschild fehlte, ebenso das Stahlkabel der Seilwinde, das wir unterwegs verloren hatten – die Spuren unserer Abenteuerfahrt waren unübersehbar. Das fiel sogar in Nairobi auf.

Wir lieferten Vater und Sohn pünktlich im Krankenhaus

ab. Dort nahmen John und ich an den Voruntersuchungen teil. Dr. Ruberti erklärte uns, dass er ein Stück aus dem oberen Schädelknochen des Kleinen herausschneiden und dann die offene Stelle an der Stirn von innen damit verschließen würde. Die neu entstandene Lücke würde in diesem Alter von allein zuwachsen. Nach der Voruntersuchung teilte mir der Operateur mit, wir könnten in 10 Tagen wiederkommen und die beiden abholen. Israeli ließ uns nicht abfahren, ohne vorher mit uns zusammen zu beten. Gemeinsam baten wir Gott um Gelingen für diese gefährliche Operation.

Als wir noch schnell den Tank für die Rückreise auffüllen wollten, meinten die Männer an der Tankstelle: „Mit diesem schmutzigen Auto könnt ihr doch nicht fahren!"

Weil sie uns versprachen, die Autowäsche in nur fünf Minuten zu beenden, willigten wir ein. Die beiden in blaue Overalls gekleideten Männer rannten in ihren Gummistiefeln los. In Windeseile kehrten sie mit einer Schubkarre zurück. Auf ihr stand eine halbe Regentonne randvoll mit Wasser. Mit einem Zweiliterbehälter schöpfte einer von ihnen im Eiltempo Wasser heraus und schmiss es mit voller Wucht aufs Auto. Der andere Mann sprang auf die Motorhaube. Mit einem Besen bewaffnet schrubbte er stehend wie verrückt den Dreck ab. Die Männer hielten ihr Versprechen!

Mit dem sauberen Wagen sollte es die gleiche Strecke zurückgehen. Dieses Mal aber ohne die Seilwinde. Doch wenige Stunden Sonne hatten die Strecke bereits gut abgetrocknet. Der Einsatz aller mitgeführten Hilfsmittel erübrigte sich. Ohne Probleme schafften wir es zurück nach Loliondo.

Bis über beide Ohren strahlte Israeli, als wir 10 Tage später wieder nach Nairobi kamen, um die beiden abzuholen. Noch trug Noeli einen riesigen Kopfverband, aber alles war bestens verlaufen. Geduldig und ohne zu weinen hatte der Zweijährige die Operation, die Nachsorge und den Krankenhausaufenthalt ertragen. Wir konnten ihn also wirklich mitnehmen. Doch zuvor, so fand ich, hatte sich unser tapferer kleiner Patient eine Belohnung verdient: Ich überreichte ihm einen Teddybär, den ich ihm mitgebracht hatte. Doch der kleine Junge bekam es mit der Angst zu tun und weinte. Noch nie in seinem Leben hatte er ein Stofftier gesehen. Schnell versteckten wir den Teddy lieber und der Junge beruhigte sich wieder.

Um dem Frischoperierten nicht unnötig Schmerzen zuzufügen, fuhr ich wie auf rohen Eiern heim. Die Mitfahrenden, John, Noelis Onkel und Israeli, sangen fröhlich vor sich hin, während ich den Wagen durch den Busch lenkte. Die siebenstündige Reise verging wie im Flug.

Noelis Mutter sah uns mit ihrem Sohn näher kommen. Langsam löste sich die Anspannung in ihrem Gesicht. Als wir ausstiegen, begrüßte sie uns mit lauten Jubelrufen. Freudentränen kullerten ihre Wangen hinunter. Begeistert rief sie: „Ich habe nicht daran geglaubt, meinen Sohn lebendig wiederzusehen. Sie haben seinen Kopf aufgemacht und wieder verschlossen. Und dennoch lebt er! Danke, Gott!"

Das war einer der Momente, in denen ich wusste, die monatelangen Vorbereitungen und die gefährliche Fahrt nach Nairobi waren es wert gewesen. Diesem Kind das Leben zu retten, diese eine Familie glücklich zu machen, war zwar nur ein Tropfen auf den heißen Stein angesichts der Nöte in diesem Land, aber für mich war genau so etwas der Grund, hier zu arbeiten.

Es war 21:30 Uhr und seit über zwei Stunden stockdunkel. Niemand war für gewöhnlich in der schwarzen Nacht unterwegs. In Loliondo hielten weniger Diebe als vielmehr wilde Tiere die Menschen davon ab, ihre sicheren Häuser zu verlassen.

„Hodi!“, tönte es plötzlich vor meiner Haustür.

Ich öffnete die Tür. Zwei Fremde saßen auf meiner Veranda. Dann entdeckte ich das Blut. Trotz der Dunkelheit erkannte ich, es kam vom Fuß des Jüngeren. Ganz still saß er da. Der schmuddelige Lappen um seinen Fuß war komplett durchgeblutet. Während ich mich erkundigte, was geschehen war, ließ ich John holen. Kurz bevor er eintraf, hatte ich ein helles tragbares Solarlicht besorgt.

„John, dieser junge Mann hat sich angeblich vor zwei Stunden mit der Hacke auf dem Feld verletzt. Sollen wir ihn ins Krankenhaus bringen?“, fragte ich.

„Sister, das sehen wir uns lieber erst einmal an!“ Er sah den Jungen scharf an und forderte ihn auf: „Mach den Verband ab.“

Das Blut strömte nur so über den stark mit Erde verschmutzten Fuß. Eins war klar: Das musste genäht werden. Doch John lehnte es ab, den Verletzten ins Krankenhaus zu fahren, weil er fürchtete, dass der diensthabende Arzt vermutlich um diese Uhrzeit betrunken war. Und am folgenden Morgen wäre die Wunde zu alt, um genäht zu werden. Sie würde sich wahrscheinlich entzünden und lange Zeit nicht heilen. Wir einigten uns darauf, die Wunde selbst zu nähen. Das würde nicht viel länger dauern, als bis zum Krankenhaus und zurück zu fahren. Gut, dass ich mir in Deutschland von einem der Stationsärzte in dem Krankenhaus, in dem ich gearbeitet hatte, mit Schaumstoff als Übungsmaterial zeigen lassen hatte, wie Wunden genäht werden. Hierzulande konnten alle Krankenschwestern nähen. Da wollte ich nicht zurückstehen.

Eine Plastikschüssel mit sauberem, gefiltertem Wasser mit Kaliumpermanganat hielt zur Wundreinigung her. In wenigen Sekunden färbte sich das klare Wasser blutrot. John und ich zogen Handschuhe an und ich reinigte vorsichtig die Wunde. Sie war ungefähr acht Zentimeter lang und zwei Zentimeter tief. Aus den zerfetzten Muskeln traten die Sehnen sichtbar hervor. Es sah aus, als hätte jemand mit einer Axt zugeschlagen.

Der Ältere der beiden Besucher hielt die Lampe, John den Fuß. Ständig tupfte er das Blut ab, damit ich besser sehen konnte. Nachdem ich das Wundgebiet lokal betäubt hatte, legte ich mit resorbierbarem Faden zunächst eine Naht in der Tiefe. Anschließend folgte die Hautnaht mit normalem Faden. Trotz scharfer Nadel kam ich kaum durch.

„Du hast eine dicke Haut wie ein Elefant!“, heiterte ich den Jungen auf, während ich mit aller Kraft die Nadel durchschob.

Inzwischen ließ die Blutung langsam nach. Der junge Mann lächelte verkrampft. Schmerzen plagten ihn, aber die Erleichterung, eine Behandlung an Ort und Stelle zu bekommen und dazu noch kostenlos, überwog wohl.

Nach einer halben Stunde war alles überstanden. Dick verband ich den Fuß und erteilte dem Jungen Instruktionen, wie er sich verhalten sollte. Besonders bläute ich ihm ein, sich am nächsten Tag gegen Tetanus impfen zu lassen.

Statt das Bein hochzulegen wie angewiesen, lief er allerdings schon zwei Tage später durch Loliondo. Warum sollte er sich schonen, wenn doch nichts mehr wehtat? Seine Impfung holte er sich aber wenigstens ab. Zwei Wochen später sah ich den verheilten Fuß. Zusammen mit John freute ich mich über das gute Resultat.

Völlig verheult stand kurz vor Einbruch der Dunkelheit Nembuan vor mir. Ihr kleiner Sohn saß breitbeinig wie auf einem Pferd auf ihrer Hüfte. Runterfallen konnte er nicht, denn er hing fest verknüpft in einem Tuch. Weil er nicht mehr sehr klein war, trug sie den schweren Brocken lieber so statt auf dem Rücken. Nembuan sah mich vollkommen verzweifelt an. Trotz aller Not in ihrer Familie hatte ich diese stolze Frau noch nie so gesehen.

Bevor ich noch fragen konnte, was los war, schoss es aus ihr heraus: „Sister, du musst mich mitnehmen. Mein Mann schlägt mich sonst tot. Du fährst doch morgen nach Arusha. Bitte nimm mich mit!"

„Wieso schlägt er dich?", wollte ich wissen.

„Er liebt seine zweite Frau mehr als mich. Jetzt wo ich mein eigenes, neues Haus gebaut habe, hat er sich entschlossen, mich wegzujagen und mit ihr dort einzuziehen. Mit dem *Rungu* und aller Kraft schlug er mir immer und immer wieder auf den Kopf. Schau mal die Beulen! Ich könnte tot sein."

Ich wusste, was ein *Rungu* war. Diesen kurzen, selbstgeschnitzten Stock, an dessen Ende sich ein fast tennisballgroßer Knauf befand, führte jeder erwachsene Massai-Mann mit sich. Ein *Rungu* war eine gefährliche Waffe. Ein Schlag damit war vergleichbar mit einem Hammerschlag. Nembuan hatte wirklich Glück, dass sie noch lebte!

„Aber wo willst du denn hin? Kennst du jemanden in der Stadt?", fragte ich weiter.

„Von Arusha aus kann ich weiterfahren Richtung Süden. Etwa fünf Stunden entfernt, bei Babati, lebt meine Mutter. Sie nimmt mich sicher auf."

Ich willigte ein, sie am nächsten Tag mitzunehmen. Wir aßen gemeinsam zu Abend und unterhielten uns. Dann zeigte ich Nembuan ihr Schlafquartier für die Nacht.

John fand meine Idee, eine Frau vor ihrem brutalen Ehemann zu retten, absolut unmöglich. Ich solle mich gefälligst nicht in Familienangelegenheiten mischen, sagte er. Aber ich ließ mich nicht davon abbringen. Seine Argumente leuchteten mir ein, doch hier ging es um Leben oder Tod, deshalb war mir der vorhersehbare Ärger egal.

Zusammen reisten wir nach Arusha. Zum Abschied drückte ich der dankbaren Frau noch etwas Geld in die Hand. Auf der Ladefläche eines uralten Landrovers, der bis auf den letzten Stehplatz besetzt war, machte sie sich auf die Weiterreise. Kein anderes Fahrzeug fuhr sonst in die gewünschte Richtung, jedenfalls nicht bis ans Ziel.

Zurück in Loliondo passierte zunächst nichts. Alles blieb ruhig. Niemand wusste von der Aktion mit Nembuan, jedenfalls dachte ich das. Aber einmal mehr sollte ich herausfinden, dass es in Afrika keine Geheimnisse gibt.

Nach einigen Tagen besuchten mich zwei Männer. Ohne die üblichen Höflichkeitsfloskeln kam einer von ihnen sofort zum Punkt: Wutentbrannt schrie er mich an: „Du hast mir meine Frau weggenommen!"

Das konnte nur Nembuans Mann sein. Alle meine Versuche, ein vernünftiges Gespräch zu führen, scheiterten. Es schien ihm allerdings gar nichts daran zu liegen, seine Frau wiederzubekommen. Stattdessen zeigte sich, dass er Schadensersatz von mir haben wollte! Als er mich immer wieder als Lügnerin titulierte, verwies ich ihn meines Grundstücks. Er tobte und schrie: „Wir sehen uns bei der Polizei!"

Da ich mir der Gesetzeslage nicht sicher war, machte ich mich eine halbe Stunde später auf den Weg zur Polizeistation. In allen Einzelheiten schilderte ich dem netten Beamten den Vorfall und fragte ihn dann: „Habe ich irgendein Gesetz hier in Tansania gebrochen, indem ich einer erwachsenen Frau eine Mitfahrgelegenheit gegeben habe?"

„Nein, Sister, das hast du nicht. Mach dir keine Sorgen", beruhigte mich der Polizist.

Drei Tage später lud er mich zu einer inoffiziellen Verhandlung vor. Der wütende Ehemann saß mit Nembuans alkoholsüchtigem Vater auf der einen Seite des Tisches. John und ich saßen ihnen gegenüber. Am Tischende, praktisch in der Mitte zwischen den beiden Parteien, befand sich der Polizeibeamte.

Nach einer Weile ergriff er das Wort. Mit ernster Miene und gesenktem Kopf blickte er Nembuans Mann an und sagte: „So, erzähl bitte, was ist dein Problem?"

Zähneknirschend brachte dieser seine Anklage hervor: „Die Sister hat mir meine Frau gestohlen!"

Dann befragte der Beamte Nembuans Vater auf Swahili. Der Alte antwortete in der Massai-Sprache und tat, als würde er ihn nicht richtig verstehen. Sichtbar nervös rutschte er auf seinem Stuhl hin und her.

Ich wurde gefragt, ob die Anklage der Wahrheit entspräche, und antwortete: „Nein, ich habe ihr nur eine Mitfahrgelegenheit nach Arusha gegeben. Danach ist sie allein zu ihrer Mutter weitergefahren."

Der Polizist wandte sich wieder dem Ehemann zu: „Nun weißt du, wo sie ist."

„Nein, ich weiß es nicht."

„Willst du damit sagen, du weißt nicht, wo die Mutter deiner Frau lebt?", fragte der Beamte herausfordernd.

„Ja, richtig", antwortete er kleinlaut.

„Schäm dich, das solltest du aber wissen! Deine Frau ist ein erwachsener Mensch. Sie hat das Recht, ihre Mutter zu besuchen. Es ist dein Problem, wenn du nicht weißt, wo sie lebt. Aber was willst du eigentlich von der Sister?", bohrte er weiter.

„Sie soll meine Frau wieder herbringen", jammerte er.

Freundlich, aber bestimmt lehnte ich ab, Nembuan

gegen ihren Willen zurückzubringen. In Gegenwart des Polizisten berichtete ich von ihrer Angst vor ihrem Mann. Der Ehemann wurde aufgefordert, seine Frau schriftlich zu bitten, dass sie freiwillig zu ihm zurückkommen möge. Der Polizist versprach seine Unterstützung für Nembuan, falls der Mann wieder gewalttätig werden sollte. Ich bot mich an, ihr den Brief zu überbringen und Nembuan eine Mitfahrgelegenheit für die Rückreise anzubieten, falls sie darauf eingehen wollte. Der Fall war damit zur Zufriedenheit aller geklärt.

Nembuan bekam den Brief erst Monate später, als sie in Arusha zu Besuch war. Da ich keine Adresse von ihrer Mutter hatte, konnte ich ihn nicht eher überbringen. Sie reagierte nicht völlig ablehnend, entschloss sich aber, noch zu warten.

Nach ungefähr einem Jahr kam sie freiwillig auf einen Besuch zurück nach Loliondo. Bis dahin hatten sich die Wogen von allein geglättet. Die Wut ihres Mannes war verflogen. Ihr schönes selbstgebautes Haus hatte er sich allerdings inzwischen unter den Nagel gerissen und damit erreicht, was er wollte. An einem anderen Ort, bescheiden und froh darüber, sich ihres Lebens wieder sicher zu sein, begann Nembuan wieder ganz von vorn damit, sich eine Existenz aufzubauen.

Das Mittagessen stand auf dem Tisch. Sein leckerer Duft kroch mir schon in die Nase, als plötzlich das Telefon im Büro klingelte. Unser Telefon sah aus wie ein Stück aus einem Museum. Es war ein großer schwarzer Kasten mit einer Kurbel an der rechten Seite. Oben lag der gewichtige

Hörer auf, und direkt darunter war unsere Telefonnummer angebracht. Sie lautete *Loliondo 26*. Zwei dicke Trockenzellbatterien unter dem Tisch versorgten das gute Stück mit Strom. Wenn der Angestellte der Telefongesellschaft in seiner Stöpselstation gegenwärtig war, funktionierten Ortsgespräche fast immer. Für Außenverbindungen bis nach Arusha oder weiter standen allerdings nur zwei Leitungen zur Verfügung.

Wer rief um diese Zeit an? Eigentlich war Mittagspause, also niemand in der Stöpselstation.

Als ich ans Telefon ging, hätte ich beinahe den Hörer fallen lassen vor Überraschung: Es war der Regierungschef unserer Region! Warum er ausgerechnet mich ausgesucht hatte, verstand ich nicht. Sein Vertrauen ehrte mich allerdings. Eine Ablehnung seiner Bitte war keine Option. Er schilderte mir am Telefon in Kürze die Notlage in einem *Boma* (Massai-Dorf) bei Piyaya. Nach einem Fest am Vortag litten dort mindestens 50 Leute an Durchfall und Erbrechen. Zwei von ihnen waren bereits gestorben. Bewegt von der Not sagte ich zu, in der nächsten Stunde dorthin aufzubrechen.

Schnell eilte ich an den Mittagstisch zurück und lud John ein, gleich mit mir zu essen. Wir aßen so schnell und so viel wir konnten. Auf einen solchen Einsatz wollte ich keine Lebensmittel mitnehmen und vor Ort essen.

Gestärkt gingen mein Kollege und ich an die Arbeit. In Windeseile packten wir unsere Erste-Hilfe-Tasche ins Auto. Zusätzlich nahmen wir 50 Liter sauberes Trinkwasser und kiloweise Zucker und Salz mit. Unsere erste Anlaufstation war die Gesundheitsstation der Regierung in Loliondo. Hier holten wir uns zwei Kartons mit Infusionslösung und den dazugehörigen Utensilien ab. Um 14 Uhr starteten wir in Richtung Piyaya. Im wilden Ralleyfahrstil brauchten wir keine drei Stunden bis in das Dorf. Unterwegs rätselten

John und ich, was die Leute auf dem Fest wohl gegessen hatten und welcher Erreger so schnell so tödlich wirkte.

An der Gesundheitsstation in Piyaya warteten schon einige Massai auf uns.

„Wo sind eure Kranken?“, wollte ich wissen.

„Doch nicht hier! Das *Boma* liegt weit entfernt, die Leute sind viel zu krank, um es bis hierher zu schaffen.“

„Steigt ein und zeigt uns den Weg!“

Ohne Zeit zu verlieren drehte ich um und fuhr zunächst wieder genau in die Richtung zurück, aus der wir gekommen waren. Nach etwa 20 Minuten verließen wir den Buschweg und kreuzten querfeldein durch tiefe Schluchten, um dichte Dornenwälder herum und über Hügelketten. Das meterhohe Elefantengras wogte im sanften Wind. Die Abendsonne ließ die Landschaft in goldenen Farben erscheinen. Aber ihre Tücken in Form von tiefen Löchern, die Hyänenbauten, sahen wir oft nur im allerletzten Moment. Nicht selten standen wir urplötzlich vor einem dicken Findling.

Die unzähligen Dornenbüsche mit ihren harten Stacheln komplett zu umfahren war eine Unmöglichkeit. Hoffentlich würde es recht lange dauern, bis sich die abgebrochenen, in den Reifen steckenden Dornen durch die dicken Gummireifen arbeiteten und wir einen Platten bekamen. Die Zeit drängte. Da draußen lagen Menschen im Sterben, und wir konnten uns nur im Schneckentempo einen Weg zu ihnen bahnen. Ein einziger Fahrfehler hätte genügt, um unsere Mission zu beenden.

Die Sonne ging bereits unter, als wir endlich unser Ziel erreichten. Ein Bild des Schreckens bot sich uns: Stöhnend lagen die Menschen im Kuhdung vor ihren Hütten. Bei unserer Ankunft trugen die wenigen Leuten, die sich noch auf den Beinen halten konnten, ihre völlig ausgetrockneten, halb bewusstlosen Kranken aus ihren Behausungen und legten sie vor uns in den Dreck. Eine dritte Person war bereits vor unserer Ankunft verstorben.

Nach kurzer Situationserfassung teilten John und ich uns die Arbeit auf: John kümmerte sich um die ganz schlimm Betroffenen. Sie konnten schon nicht mehr auf den Beinen stehen, geschweige denn selbstständig trinken. Schnell legte er ihnen Infusionen, um den starken Flüssigkeitsverlust möglichst zügig auszugleichen.

Während die Leute ihre Emaillebecher aus den Hütten holten, rührte ich das mitgebrachte Trinkwasser mit Zucker und Salz in großen Behältern an. Mit dieser einfach hergestellten Lösung konnte ich den Durchfallkranken das Leben retten. Von allen Seiten hielten mir die ächzenden und stöhnenden Kranken ihre Blechtassen entgegen. Jeder wollte seinen Becher zuerst gefüllt haben. Zuerst jedoch ging ich zu denjenigen, die kraftlos dalagen. Dann erst kamen die Drängler an die Reihe.

Als die Kranken notversorgt waren, fingen wir an, mit den Bewohnern zu reden. Mit Nachdruck versuchte John sie davon zu überzeugen, bei Durchfall möglichst viel zu trinken. Ein alter Massai meldete sich zu Wort: „Aber *Daktari* – Doktor –, wenn wir trinken, kommt es doch gleich wieder hinten raus. Viel Wasser verschlimmert den Durchfall doch! Diese Leute hier haben deshalb natürlich alle seit gestern nichts mehr getrunken."

„Ja, und genau deswegen sind bereits drei von euch gestorben! Ihr müsst unbedingt viel trinken. Das rettet euch das Leben, glaubt mir. Durch Durchfall und Erbrechen verliert ihr sehr viel Wasser. Tagsüber trocknet euch die brennende Sonne ganz aus. Wenn ihr trinkt und danach wieder Durchfall habt, bleibt doch immer ein wenig von dem Wasser im Körper."

„Willst du damit etwa sagen, unsere traditionellen Überlieferungen stimmen nicht?"

„Ich schätze die traditionellen Überzeugungen der Massai sehr. Sie haben unserem Volk geholfen, in schwierigsten Lebensumständen zu überleben. Aber die Sache mit dem Durchfall ist wirklich so, wie ich euch sage. Bitte glaubt mir."

Zögernd fingen die Leute an, ihm Glauben zu schenken. Nachdem mein Kollege geduldig die Wichtigkeit des Trinkens erklärt hatte, beschrieb er genau, wie die Menschen sich selbst die Zucker-Salz-Lösung zusammenmischen sollten. Danach überzeugte er sie davon, Nottoiletten zu graben, um die weitere Ausbreitung der Durchfallerreger einzudämmen.

Abschließend verteilten wir Pillen. Jeder bekam Antibiotika und Wurmmittel. Als deutsche Krankenschwester hätte ich bei dem großzügigen Umgang mit Medikamenten eine Krise bekommen müssen. Aber stattdessen fand ich die Aktion gut. Denn nur so konnten wir sichergehen, dass die entlegen lebenden Menschen nach unserer Abreise überleben würden.

Den zehn Patienten in kritischem Zustand boten wir an, sie mit nach Wasso ins Krankenhaus zu nehmen. Das fand sofort Zustimmung. Unsere zwei gesunden Begleiter trugen die fast Bewusstlosen zum Auto. Mit letzter Kraft kletterten die Übrigen alleine hinein. Die hintere Tür fiel ins Schloss.

Ich drehte mich nach hinten und rief in die Menge: „Wer erbrechen muss, sagt Bescheid! Dann halte ich an. Oder wenn es plötzlich kommt, dann benutzt das Fenster!"

Rau, ernst, ja fast böse schallte meine Stimme durch das Wageninnere. Bei Ansagen in nettem Tonfall hörte erfahrungsgemäß niemand auf mich. Heimlich schmunzelte ich. So barsch zu sein war eigentlich nicht meine Art, aber ich wollte den Menschen helfen und musste dazu auf ihre Art und Weise mit ihnen kommunizieren. Und die Massai sprachen gewöhnlich in einem ziemlich harten Tonfall miteinander. Das Wort „Bitte" existiert in ihrer Sprache nicht. Die Befehlsform war die sicherste Form, verstanden zu werden. Und den Gestank von Erbrochenem wollte ich auf keinen Fall wochenlang im Auto ertragen müssen.

Die Nacht war pechschwarz. Der Landcruiser war gepackt voll. Im hinteren Teil und in der Mitte saßen Patienten so eng beieinander wie Heringe in der Dose. Keiner konnte umfallen, auch der Schwächste nicht. Vorne saßen wir zu dritt: John auf dem Beifahrersitz, ein ortskundiger Massai in der Mitte und ich am Steuer. Auf meine Frage: „Wie finden wir in dieser Dunkelheit den Rückweg?", entgegnete mir unser ortskundiger Ole Kulet*: „Du folgst einfach deinen eigenen Reifenspuren."

Na, besten Dank!, dachte ich im Stillen. *Dafür brauchte ich doch keine ortskundige Hilfe.*

Langsam kroch der Landcruiser auf den alten Reifenspuren entlang. An vielen Stellen konnte ich sie nicht sehen. Doch John und Ole Kulet wiesen mir zielsicher den Weg. Plötzlich jedoch waren wir uns alle drei einig: die Spur war weg.

„Halt an! Ich kotze sonst ins Auto!", schrie einer von hinten.

„Ja, wir müssen auch raus!", stimmten andere ein.

Die Zwangspause nutzten die Männer der ersten Reihe, um unsere Spuren zu suchen. Nichts zu machen, in der weiten dunklen Landschaft hatten wir den Weg verloren. Als alle wieder eingestiegen waren, setzten wir unsere Fahrt fort. Ab hier verließ ich mich nur noch auf Kulet. Aber die schwarze mondlose Nacht machte es selbst ihm nicht leicht, sich zu orientieren. Meter für Meter tasteten wir uns voran. Konzentriert blickten wir nach vorne, als sich plötzlich einer aus der Mittelreihe schwallartig im hohen Bogen auf Kulets Schulter erbrach. Er trug es mit

Fassung. Mich hatte er knapp verfehlt. So schnell ich konnte, reichte ich meinem Nachbarn ein wenig Klopapier. Fast nebenbei wischte er sich ab und tat so, als wenn nichts gewesen sei.

Das Gestöhne im Wagen wurde unerträglich. Immer wieder hielt ich an. So kamen wir nicht weiter. Darum forderte ich die Kranken auf, ab sofort nur noch die Fenster zu benutzen. Widerwillig stimmten sie zu, denn sie verstanden, dass wir sonst nie ankommen würden.

Im Scheinwerferlicht vor uns standen plötzlich dornige Akazienbäume dicht nebeneinander. Da hätte keine Kuh durchgepasst, geschweige denn ein Auto.

Große Klasse, dachte ich, *ein Auto voller Leute, die Brechdurchfall haben, und wir wissen nicht, wo wir sind und wie wir hier rauskommen sollen! Gott, wenn du uns nicht hilfst, dann weiß ich nicht, was wir tun sollen. Bitte hilf uns!*

Der Versuch, den kleinen Wald links zu umfahren, scheiterte, denn riesige Felsbrocken versperrten uns den Weg. Langsamer als im Schritttempo bahnten wir uns einen Weg rechts um das dichte Unterholz. Kulet ging zu Fuß vor und funzelte mit seiner Taschenlampe auf die tiefen Löcher, in die ich auf keinen Fall fahren sollte. Als ich es auf der linken Seite zehn Meter steil bergab in eine Schlucht gehen sah, atmete ich auf. Wir waren richtig! An diese Schlucht erinnerte ich mich vom Hinweg. In bedrohlicher Schräglage steuerte ich das Auto am Abhang entlang und erreichte die einzige Stelle, an der die Schlucht zu überqueren war.

Unserer wiedergefundenen Spur folgend gelangten wir schließlich zu einer gut sichtbaren Fahrspur durch den Busch. Hier gab ich Gas. Ohne Zwischenstopps fuhr ich direkt ins Krankenhaus. Es war weit nach Mitternacht, und so mussten wir erst einmal einen Arzt wecken. Bereitwillig kümmerte er sich sofort um unsere Kranken. Müde, aber zufrieden kam ich um zwei Uhr nachts nach Hause. Diesen Menschen hatten wir das Leben gerettet.

Am nächsten Morgen wachte ich sehr früh auf. Bevor irgendjemand unser Auto brauchte, wollte ich es eigenhändig säubern und desinfizieren. Wer wusste schon, was für gefährliche Erreger sich im Erbrochenen und anderen Ausscheidungen befanden?

Die Arbeit lohnte sich. Latexhandschuhe schützten mich, und ein Eimer voll starker Desinfektionslösung half mir, unser Auto wieder sicher zu machen. Der Geruch war leider hartnäckig und hielt sich noch wochenlang.

Die Patienten überlebten alle ihre Krankheit. Erst Wochen später stand die Diagnose fest: Es war Cholera! Damit hatte niemand gerechnet.

Die Regierung verhängte ein Reiseverbot von und nach Piyaya. In Absprache mit den offiziellen Behörden fuhr John zurück nach Piyaya. Dort schlug er für einige Wochen sein Lager auf. Die Herausforderung bestand darin, die Epidemie rasch einzudämmen. Nach und nach hatte die Cholera einige hundert Menschen befallen. John leistete medizinische Hilfe und betrieb Gesundheitsaufklärung. Er lehrte die Massai alles über persönliche Hygiene, Lebensmittelhygiene und Toilettenbau. Durch seinen Einsatz vor Ort blieb die Cholera in einem begrenzten Gebiet und breitete sich nicht weiter aus.

Kapitel 5

WENN BLINDE SEHEN

Kreuz und quer steuerte ich den Landcruiser durch die dornige Steppe. Im Slalom um Hyänenlöcher, Felsbrocken und Dornen versuchte ich die Richtung zu halten.

Der kleine Massai-Junge, der zwischen John und mir auf dem Vordersitz saß, wies mir mit dem Zeigefinger den Weg. Nur mit Mühe konnte er über die Armaturen sehen, doch der ortskundige Erstklässler dirigierte uns sicher bis an sein Boma. Gespannt stiegen wir aus. War sein Opa wirklich blind? Wenn ja, handelte es sich um Cataract, den Grauen Star? Denn nur dann konnten wir ihm helfen.

Im Schatten der Hütte saß der Alte mit gesenktem Haupt da. In der rechten Hand hielt er den typischen Stock, an dem Blinde sich zur Fortbewegung meist von einem Kind führen lassen. John begrüßte ihn in der Massai-Sprache. Unsicher schaute der Mann in unsere Richtung.

Wir bückten uns, um seine Augen zu untersuchen. Ein Blick genügte: Schneeweiß stachen die Pupillen aus den dunkelbraunen Augen hervor. Cataract – ein klassischer Fall. Würde er sich zur Operation eignen?

„Was siehst du?", wollte ich wissen und hielt ihm meinen Zeigefinger direkt vors Gesicht. Mein Kollege übersetzte für mich.

„Nichts!"

„Und jetzt?“ Langsam bewegte ich meine Hand vor seinen Augen hin und her.

„Nichts!“

Mittlerweile waren John, der alte Mann und ich vom Rest des Dorfes umringt. Jeder wollte sehen, was wir hier taten. Ein anderer alter Mann zog mit seinem Zeigefinger sein linkes Augenlid herunter und drängte sich in unsere Mitte.

„Schau mal hier! Gib mir sofort Augensalbe für mein krankes Auge!“, befahl er mir.

„Nur, wenn du mich erst meine Arbeit machen lässt“, gab ich ihm zu verstehen.

Ein schroffes „Haya!“ signalisierte mir seine Zustimmung. Endlich konnte ich mich wieder dem Blinden zuwenden.

„Können wir mit dir ins Innere deiner Hütte gehen?“, fragte ich den Alten.

„Maape!“, sagte er, was so viel heißt wie „Lasst uns gehen“.

Im Gänsemarsch, den Kopf nach unten gesenkt, folgten John und ich dem Blinden durch den niedrigen, schlauchartigen Eingang in die Hütte. Nachdem sich unsere Augen an die Dunkelheit gewöhnt hatten, setzten wir uns auf die etwa 30 Zentimeter über dem Fußboden gespannte Kuhhaut, die als Bett diente. Der Alte setzte sich mir gegenüber auf einen kleinen Hocker.

Als ich mit meiner Taschenlampe in seine Augen leuchtete, zogen sich die Pupillen blitzartig zusammen. Von oben ließ ich das Licht auf sein Gesicht scheinen und fragte: „Siehst du jetzt was?“

Die Augen nach oben gerichtet, deutete er mit seinem Zeigefinger auf die Lichtquelle. Begeistert sagte er: „Licht, ich sehe Licht!“

Obwohl ich mit dem tragbaren Spezialgerät nicht durch

seine getrübten Linsen hindurchsehen konnte, war ich mir sicher.

„John, seine Netzhaut ist intakt. Er eignet sich zur Operation“, platzte ich freudig heraus. „Wie lange bist du schon blind?“, erkundigte ich mich dann bei dem Mann.

„Fünf Jahre schon führt mich das Kind am Stock“, antwortete der Alte. „Nirgendwo kann ich mehr allein hingehen“, fügte er traurig hinzu.

„Willst du wieder sehen?“, fragte ich ihn.

„Das geht doch nicht. Wenn man alt ist, ist man blind. Das ist normal. Das war schon bei meinem Vater so. Und bei meinem Großvater!“, erklärte der Alte, und alle Anwesenden stimmten ihm mit einem melodischen „Ee“ zu.

„Richtig, aber heutzutage können die Ärzte deine Augen operieren. Danach kannst du wieder sehen. Willst du das?“, fragte ich ihn erneut.

„Wenn es stimmt, was du sagst, dann will ich es. Aber du musst mich von zu Hause abholen und anschließend wieder herbringen.“

„Das mache ich.“

An dieser Stelle schaltete sich der erwachsene Sohn ins Gespräch ein und sagte: „Ach, Sister, mach dir keine Arbeit. Das lohnt sich bei meinem alten Vater nicht. Er hat sich doch schon ans Blindsein gewöhnt.“

Alle Argumente, die ich aufbrachte, um seinem Vater etwas Gutes zu tun, schlugen fehl. Aber als ich ihm sagte, dass das Kind, das den ganzen Tag nur zur Versorgung seines Vaters abgestellt war, stattdessen Ziegen hüten oder mit der Mutter zum Wasserholen gehen könnte, hatte ich ihn überzeugt. Ohne diese Zustimmung hätte ich den Alten nicht zur Operation holen dürfen.

Zufrieden verließen mein Kollege und ich die Hütte. Geduldig wartete der fordernde Alte von vorhin auf seine Augenuntersuchung und Behandlung. Andere akut Erkrankte hatten sich zu ihm gesellt. Im Eilverfahren behandelten John und ich die Leute. Eigentlich wollten wir nur Blinde für unsere OPs zusammensuchen. Damit es sich lohnte, einen Augenarzt in die Nordsteppe einzufliegen, mussten wir mindestens 20 Blinde haben. Aber wir konnten die Hilfesuchenden ja schließlich nicht einfach stehen lassen. Es galt, ihr Vertrauen zu gewinnen, um in der Zukunft effektiv zusammenarbeiten zu können.

So wie hier war es bei allen blinden Patienten. Der erste Schritt, ihnen zu helfen, war erst einmal reine Überzeugungsarbeit. Im Schnitt brauchten John und ich pro Patient nach stundenlanger, schwieriger Anfahrt noch eine halbe bis ganze Stunde, um den Betroffenen und seine Verwandten zu der Operation zu überreden. In wenigen Fällen mussten wir die Entscheidung der Patienten akzeptieren, lieber blind zu bleiben.

Die Suche nach Blinden dauerte wochenlang. Wir teilten uns auf: Mein Kollege deckte das Gebiet im Umkreis von 30 Kilometern um Loliondo mit dem Motorrad ab. Ich übernahm die Sonjo-Dörfer und Massai-Ortschaften in bis zu 80 Kilometern Entfernung mit dem Auto.

Schlechte Erinnerungen kreuzten meine Gedanken auf dem Weg nach Oldonyo Sambu. In diesem abgelegenen Sonjo-Dorf kannte ich keine Menschenseele. Bei meinem ersten Besuch, der schon über ein Jahr zurücklag, war ich mehr als unerwünscht gewesen. Damals kamen John, ein Massai-Pastor und ich bei Einbruch der Nacht zufällig an einem ihrer traditionellen Feste an. Die Sonjo-Krieger, mit rot bemalten Gesichtern und Federn im Haar, beschimpften uns laut in einer für uns alle fremden Sprache. Sie drohten uns mit Speeren und Buschmessern, während sie im Singsang mit schwingenden Bewegungen an uns vorbeizogen. Ihre Blicke verrieten mehr, als ich zu denken wagte. Die wilde, aggressive, unheimliche Stimmung sprang auf uns über. Unwillkürlich fielen mir die jüngst gehörten Geschichten über das mysteriöse Verschwinden von zwei Anthropologen ein. Sie hatten die Sonjo-Kultur und ihre höchst geheime Religion zu ergründen versucht.

Immer noch klangen mir die Gerüchte in den Ohren: „Sister, die Sonjos mögen keine Einmischung in ihre Bräuche. Wer sich einmischt, ist so gut wie tot. Die beiden Weißen waren plötzlich wie vom Erdboden verschluckt. Sie wussten zu viel. Sicher sind sie totgeschlagen und dann im Busch verscharrt worden. Oder die Hyänen haben vielleicht ihre Überreste gefressen. Niemand hat sie je wiedergefunden!"

Ich unterdrückte meine Angst, indem ich mir sagte, ich käme schließlich in friedlicher Absicht und wollte medizinische Hilfe anbieten. Also hielt ich kurzerhand an einer Hütte und sagte: „Wir sind lange unterwegs gewesen. Wo können wir unsere Zelte zum Übernachten aufschlagen?"

„Ihr könnt auf keinen Fall hier im Ortskern bleiben. Heute ist ein religiöses Fest. Wir wollen keine Fremden hier. Aber ihr könnt bei der Grundschule zelten. Sie ist weit genug entfernt."

Den Instruktionen der Einheimischen folgend wären wir um Haaresbreite fast in eine tiefe Felsenschlucht gestürzt. Hatten sie uns bewusst fehlgeleitet? Als auch der zweite Versuch, in der stockfinsteren Nacht den richtigen Weg zu finden, fast in einem Desaster endete, platzte einer meiner Begleiter heraus: „Sister, es ist lebensgefährlich, heute Nacht hierzubleiben!"

Der andere wischte sich den Schweiß von der Stirn und

fügte hinzu: „Wir müssen hier schnell verschwinden. Lasst uns in ein Massai-Dorf fahren und dort schlafen."

Mir zitterten die Knie nach der heiklen Streckensuche. Uns alle drei hatte die nackte Panik ergriffen. Ob zu Recht oder nicht, ich wollte auch weg und stimmte zu.

Nur eine halbe Autostunde weiter atmeten wir spürbar auf. John durchbrach die Stille und sagte genau das, was der Pastor und ich fühlten: „Hier geht es mir besser. Ich spüre Frieden."

Angekommen in Oldonyo Sambu schob ich meine Gedanken an meinen ersten Besuch hier zur Seite. Heute stand die Sonne hoch am Himmel. Die wenigen Menschen, die zu sehen waren, blickten mich zwar skeptisch, aber neugierig an. Nichts war von der damaligen Ablehnung zu spüren.

Ich stoppte im Dorfkern. Er bestand aus einer Maismühle, einem Büro und zwei winzigen Läden. An einem dieser Einzimmerläden, bei denen aus dem offenen Fenster verkauft wird, fragte ich nach dem Dorfchef. Neugierig beobachteten mich zwei Sonjo-Frauen aus der Distanz, die ihre Esel vor der Maismühle geparkt hatten. Der freundliche Ladenbesitzer schloss sein Geschäft, nahm mich an die Hand und führte mich ins Dorfbüro. Die kleine Lehmhütte mit einem Holztisch, zwei Stühlen und einem Regal stellte hier das Rathaus dar. Der Bürgermeister bat mich, Platz zu nehmen.

Nach der üblichen Begrüßung stellte ich mich vor: „Ich bin Sister Christine. Seit einiger Zeit lebe ich in Loliondo und arbeite im Ngorongoro-Bezirk. Ich bin auf Augenbehandlungen spezialisiert. Heute suche ich Blinde. Gibt es hier Menschen, die nicht mehr sehen können?"

„Mein eigener Vater sieht nichts."

„Vielleicht kann ich ihm helfen, aber ich muss ihn erst untersuchen. Gibt es noch andere Blinde bei euch?"

„Ja, aber schau dir zuerst meinen Vater an."

Kaum hatte ich eingewilligt, ging es los. In der flimmernden Mittagshitze folgte ich dem Dorfchef einen Trampelpfad hinauf zu seiner Rundhütte mit Grasdach. Der *Babu*, Opa, wie Alte oft liebevoll genannt werden, saß auf einem dicken Stein in der Hütte. Nach der Begrüßung gesellte ich mich zu ihm und untersuchte ihn. Auch der Bürgermeister nahm Platz im Wohnzimmer, das aus einer Sitzrunde dicker Flusssteine bestand.

„Dein Vater leidet unter Grauem Star. Wir können ihn operieren, dann kann er wieder sehen. Möchtest du, dass ich ihn mitnehme?", fragte ich.

„Einverstanden! Willst du dir jetzt die anderen Blinden in unserem Dorf ansehen?"

„Gern."

Zwei junge Männer führten mich von einer Hütte zur nächsten. Schnaufend folgte ich unter der brennenden Sonne ihren schnellen Schritten die Hügel hinauf und hinab. Der backofenheiße Wind trocknete meine durchgeschwitzte Kleidung. Mehrere Stunden lang wanderte ich zu den mit dem PKW unerreichbaren Hütten. Jeden Blinden untersuchte ich sorgfältig, und dann begann die Überzeugungsarbeit. Die Leute kannten mich nicht. Sie waren skeptisch.

Aber sobald meine Begleiter sagten: „Der Bürgermeister gibt der Sister seinen Vater auch mit!", war das Eis gebrochen und sie willigten ein.

Das Ergebnis lohnte sich. Acht Blinde und zwei Begleiter kamen mit mir. Kurz nach Einbruch der Dunkelheit erreichten wir das Hospital in Wasso.

Mit nur 80 Betten in einem Einzugsgebiet für 150.000 Menschen konnte ich nicht erwarten, für über 20 Augenpatienten Betten im Krankenhaus zu bekommen. Der leitende Arzt und ich waren übereingekommen, eine Woche lang zwei kleinere Zimmer als „Augenabteilung“ zu nutzen. Kurzerhand legten wir die Zementfußböden mit Matratzen aus. Ein Zimmer war für die Frauen, eins für die Männer.

Für die Patienten war selbst diese dürftige Unterbringung der reine Luxus. Die meisten schliefen für gewöhnlich auf der Kuhhaut, manche sogar auf dem Lehmboden. Alle waren dankbar für die gute Versorgung. Im Krankenhaus bekamen sie sogar Essen, keine Selbstverständlichkeit in Afrika. Ihre mitgebrachten Begleiter sorgten für Sonderwünsche und halfen beim Toilettengang in der ungewohnten Umgebung.

Auch John und ich schätzten den Luxus im Krankenhaus.

„Weißt du noch, Sister, als wir in Malambo unseren großen Einsatz gemacht haben?“

Nur zu gut erinnerte ich mich an dieses Erlebnis. Das Internat der Grundschule hatte als Patientenlager herhalten müssen. Die kleine staatliche Gesundheitsstation diente uns als Operationssaal. Viele Jahre lang hatten die vom Ruß geschwärzten Wände keine frische Farbe mehr gesehen. Stundenlang schrubbten wir sie mit Desinfektionsmittel. Sie sahen hinterher zwar genauso aus wie vorher – schwarz! Aber wir wussten, sie waren sauber. Mein Campingkocher und der Dampfkochtopf dienten als Sterilisator. Mit einer Autobatterie betrieben wir die OP-Lampe. Der Augenarzt und mein Team schliefen in Zelten. Alle Patienten und Mitarbeiter mussten bekocht werden. Die Einkäufe dafür hatte ich im weit entfernten Arusha erledigt.

„Ja, ich erinnere mich gut. Was bin ich dankbar für die Zusammenarbeit mit dem katholischen Krankenhaus!“, erwiderte ich.

„Das kannst du wohl sagen, Sister!“, stimmte John mir zu.

Nach 4 Wochen Patientensuche war es endlich soweit. Über uns knatterte der Motor der einmotorigen Cessna. Die Ehrenrunde galt uns: Wir sollten zur Landebahn kommen. Augenblicklich sprangen wir ins Auto und schafften es, während der Landung einzutreffen. Als das Flugzeug auf der Wiese zum Stehen kam, fuhr ich geradewegs darauf zu.

„Karibu daktari!“ – „Willkommen, Doktor!“ – rief ich Dr. Isseme zur Begrüßung zu.

Heute war Sarah, eine erfahrene Augenkrankenschwester, aus Mvumi als Verstärkung mitgekommen. Zweimal jährlich Freunde zu einer gemeinsamen Arbeitswoche in dieser abgelegenen Gegend zu empfangen war eine echte Bereicherung und Freude.

Stephan, der Pilot, freute sich auch über unser Wiedersehen. Leider stand bei ihm sofort der nächste Flug an. So lud er nur schnell die Reisetaschen und die Kisten mit den Operationsinstrumenten aus, überprüfte sein einmotoriges Flugzeug und flog wieder ab. Winkend standen wir an der Piste, bis er außer Sichtweite war.

Das Gepäck im Auto verstaut, steuerten wir das Krankenhaus an. Dr. Isseme wollte noch heute alle Patienten sehen, um den morgigen OP-Tag zu planen.

„Wie viele Patienten mit Grauem Star habt ihr für mich?“, erkundigte er sich bei mir.

„Es sind zweiundzwanzig“, antwortete ich.

„Prima, das schaffe ich an zwei Tagen. Dann haben wir anschließend genug Zeit für die Nachsorge“, sagte er und nickte mir mit zufriedenem Gesicht zu.

„Wir wollten dich mit mehr Patienten überraschen. Aber in einem Dorf sind von acht Leuten, die zugesagt hatten, nur vier mitgekommen. Dafür war ich einen ganzen Tag unterwegs und blieb zweimal im Fluss stecken“, klagte ich.

„Da warst du aber sehr erfolgreich!“

Fragend blickte ich ihn an.

„Ja, im Durchschnitt kommen nur zwanzig Prozent der Patienten, die zugesagt haben, wirklich mit zur Operation. Du hast fünfzig Prozent mitgebracht, das ist gut! Sehen wir sie uns doch gleich an.“

Kaum angekommen war Dr. Isseme auch schon mitten in der Arbeit. Wie es seine Art war, untersuchte er jeden einzelnen Patienten sorgfältig, beantwortete geduldig alle Fragen und traf die notwendigen Anordnungen.

Ehe wir es uns versahen, war der erste Tag um. Zeitig am nächsten Morgen ging es zur Sache. Jede einzelne Operation war Präzisionsarbeit und erforderte äußerste Konzentration. Misserfolge konnten wir uns nicht erlauben. Um eine kontinuierliche Augenarbeit in der Nordsteppe aufzubauen, waren wir auf das Vertrauen der Bevölkerung angewiesen. Ein einziger Ausrutscher hätte alles zunichte gemacht.

Während die Patienten im Vorraum ihre Betäubungsspritze hinter das Auge bekamen, operierte der Arzt nahtlos einen nach dem anderen. Sobald ein neuer Patient auf dem OP-Tisch lag, faltete Dr. Isseme seine Hände, die in sterilen Handschuhen steckten, und betete: „Himmlischer Vater, ich danke dir. Du liebst diesen Mann. Ich bitte dich, hilf mir beim Operieren, damit er wieder sehen kann. Zeige ihm deine Liebe. Das bitte ich dich im Namen Jesu. Amen.“

Der Eingriff sah kinderleicht aus. Bei dem routinierten Operateur saß jeder Handgriff. Konzentriert betrachtete

Dr. Isseme das Operationsfeld durch eine Fensterglasbrille, die mit einem Minifernglas bestückt war. Das Operationsmikroskop, das er sonst verwendete, war zu empfindlich für den Transport. Er musste ohne dieses wichtige Utensil auskommen. Voller Bewunderung assistierte ich ihm und sah zu, wie er alle Arbeitsschritte meisterte.

Beim Entfernen der trüben Linse und dem Einsetzen der künstlichen hielten alle Anwesenden jedes Mal die Luft an. Das war der kritische Moment. Erst wenn das Auge wieder genäht war, atmeten wir erleichtert auf. Ein Huster des Patienten hätte gereicht, um das Auge für immer zu zerstören. Da viele Augenpatienten unter chronischem Husten litten, war es ein Balanceakt. Nach 10 Stunden waren 11 Leute komplikationslos operiert. Müde und zufrieden schlossen wir den Tag mit einem warmen Abendessen ab.

Gespannt umringten einige Krankenhausmitarbeiter, mein Kollege und ich am nächsten Tag Dr. Isseme, als er dem ersten Frischoperierten den OP-Verband abnahm.

In dem Augenblick, als das Auge frei war, zog sich ein Lächeln von einem Ohr bis zum anderen über das Gesicht des alten Mannes namens Mzee Yohana. Dicke Freudentränen kullerten über seine Wangen, als er in die Runde blickte und rief: „Ich sehe! Ich sehe!" Als müsste er es beweisen, fuhr er fort: „Ich sehe zehn Menschen und eine davon ist weiß."

Die Freude des Mannes steckte an. Der Augenarzt weinte mit, und Sarah und ich konnten die Tränen auch nicht mehr zurückhalten. Nur wenige Augen blieben trocken.

Als Dr. Isseme sich wieder gefasst hatte, untersuchte er das operierte Auge und äußerte seine Zufriedenheit über den gelungenen Eingriff. Dann wendete er sich dem nächsten Patienten zu. Wieder ein voller Erfolg. Nach dem letzten Verbandswechsel atmete der Arzt auf.

Auch der zweite OP-Tag verlief bestens. Alle Ergebnisse

waren gut. Als der Arzt nach 5 Tagen wieder abflog, fing für mich die Fahrerei erneut an. 22 Sehende warteten darauf, in einem Umkreis von knapp 100 Kilometern nach Hause gefahren zu werden. Glücklicherweise stellte das Krankenhaus dazu auch ein Fahrzeug zur Verfügung, denn wir mussten die Leute buchstäblich in alle Himmelsrichtungen zurückbringen. Mit zwei Autos schafften wir es in zwei Tagen.

Als der letzte Frischoperierte in mein Auto gestiegen war, machte ich meine obligatorische Ansage: „Wer erbrechen muss, sagt bitte sofort Bescheid, damit ich anhalten kann. Nicht ins Auto kotzen! Wenn es plötzlich kommt, dann benutzt bitte das Fenster."

Sicherheitshalber fuhr ich die gesamte Strecke mit weit geöffneten Fenstern. Diese meist alten Leute waren noch nie sehend Auto gefahren. Trotz dem Hinweis, in die Ferne zu sehen, erbrachen auch dieses Mal fast alle. Als ich sie fragte, warum ihnen schlecht wurde, lautete die Antwort: „Weil die Bäume so schnell laufen!"

Einen nach dem anderen lieferte ich bei seiner Familie ab.

„Hallo, ich bringe euren Vater wieder! Bitte gebt ihm in den nächsten vier Wochen dreimal täglich seine Augentropfen. Das ist ganz wichtig, sonst verliert er vielleicht wieder sein Augenlicht."

„Das machen wir gern. Danke, Sister."

Und schon war ich wieder weg.

Einige Monate später bekam ich Besuch. Ein junger Mann stand vor meiner Tür.

„Du kennst mich nicht. Ich bin der Sohn von Mzee Yohana. Ihr habt ihn vor einiger Zeit operiert. Ich bin gekommen, um dir zu danken. Weißt du, mein Vater war fünf Jahre lang blind. Er saß tagein, tagaus vor der Hütte und konnte nichts mehr selbstständig tun. Im Gegenteil, meine älteste Tochter musste ihm helfen und fiel so für alle anderen Arbeiten aus. Nirgendwo konnte mein Vater allein hingehen. Immer brauchte er Hilfe. Seit der Operation ist das anders. Er ist richtig aufgelebt. Statt Hilfe zu benötigen, hilft er uns bei der täglichen Arbeit. Er passt auf die kleinen Kinder auf. Du müsstest ihn sehen, wie er dabei strahlt. Dann geht er und hütet die Ziegen. Sister, mein Vater hat ein neues Leben. Und wir auch! Mit der Operation hast du unserer ganzen Familie geholfen. Bitte nimm dieses Geschenk als Dank für deine Hilfe an."

Respektvoll, mit beiden Händen, wie es sich in Tansania gehört, nahm ich die 7 Eier entgegen. Bei einer Tasse Tee erkundigte ich mich nach den anderen Operierten aus seinem Dorf und bedankte mich für den Besuch und das Geschenk.

Ein typischer Kliniktag in der Massai-Steppe – John und ich kamen in Embukeni an. Aber es war niemand da. Nicht ein Mensch war weit und breit zu sehen! Eine Woche zuvor hatten wir per Funkspruch angekündigt, dass wir heute zur Augenklinik kommen würden.

„Und was machen wir jetzt?", fragte ich.

„Die Leute kommen bald. Sicher haben sie unser Auto gesehen und sind auf dem Weg zu uns. Erst wenn sie uns von Weitem erspäht haben, gehen sie los in Richtung

Klinikbaum. Komm, wir setzen uns in den Schatten der Schirmakazie und warten auf sie."

Wir packten unsere Metallkisten aus, in denen sich unsere Arbeitsutensilien befanden, und nahmen darauf Platz.

Und richtig, schon innerhalb einer halben Stunde waren ein Lehrer und ein Massai-Evangelist eingetrudelt.

„Könnt ihr uns gleich bei der Augenklinik helfen?", fragte ich sie.

„Wir haben keinerlei Erfahrungen mit so etwas. Was sollen wir denn tun?"

„Das ist ganz einfach. Kommt, ich erkläre es euch."

Im Schatten eines zweiten Baumes hängte ich die Lesetafel an einem Ast auf. Auf der einen Seite standen reihenweise Buchstaben, die in jeder nachfolgenden Reihe kleiner wurden. Wer aus einer Entfernung von 6 Metern alle Buchstaben einschließlich der 6. Reihe lesen konnte, hatte ein gutes Sehvermögen. Diese Seite kam hier allerdings selten zum Einsatz, denn wir hatten es größtenteils mit Analphabeten zu tun. Deshalb war die andere Seite der Sehtesttafel, die nur mit einem großen „E" beschriftet war, hilfreicher. Das „E" wurde mal nach rechts, mal nach links, mal nach oben und mal nach unten gedreht. Mit etwas Vorstellungskraft konnte man darin einen Hocker sehen, dessen Beine nach links, rechts, oben oder unten zeigten. Da jedoch auch „Rechts" und „Links" keine geläufigen Begriffe bei den Massai waren, machten wir es so, dass die Richtung einfach mit der Hand angezeigt wurde.

Mit 6 großen Schritten von der Tafel weg, der Sonne entgegen, legte ich die Stelle fest, von der aus der Sehtest gemacht werden sollte. Mit einem Stock markierte ich die Stelle. Jetzt führte ich meinen Laienhelfern vor, wie der Sehtest praktisch durchgeführt werden sollte: Einer spielte den Augenkranken, der andere den Helfer, und ich erklärte, was sie zu tun hatten. Wenn der Patient die Tafel gar nicht entziffern konnte, sollte der Helfer Schritt für Schritt auf ihn zugehen und Finger zählen lassen. Das Ergebnis einer solchen Untersuchung konnte dann lauten: „Fingerzählen aus 3 Metern Entfernung möglich". Wenn der Kranke keine Finger mehr erkennen konnte, sollte er zur weiteren Untersuchung zu mir kommen.

Schnell begriffen die beiden, was sie zu tun hatten und wie sie anschließend den Patientennamen und das Untersuchungsergebnis auf einen Zettel schreiben sollten. Das war für mich und meinen Kollegen eine riesige Arbeitserleichterung, denn auch heute sollten wir wieder über 120 Augenpatienten untersuchen und behandeln.

Noch während der Einarbeitung unserer Mitarbeiter trafen nach und nach die Patienten ein.

„John, machst du die Begrüßung?"

Schon stellte sich mein Kollege vor die versammelten Menschen, begrüßte sie und stellte uns und unsere Arbeit vor. Auch ein kurzer Abschnitt aus der Bibel durfte nicht fehlen. Dann erklärte er, dass jeder zuerst den Sehtest bei dem Lehrer und Evangelisten absolvieren und danach erst zu uns zur Augenuntersuchung kommen sollte.

Während die freiwilligen Helfer unter einem Baum arbeiteten, untersuchten wir die Getesteten unter dem anderen Baum. Alles eigentlich ganz klar geordnet. John und ich nahmen Platz, und augenblicklich wurden wir von Menschen umringt.

„Nein, nein – so nicht! Bitte stellt euch der Reihe nach an. Wir kriegen ja keine Luft mehr."

Alle Versuche, Ordnung zu schaffen, scheiterten. Wir waren von einer drängelnden Menschentraube umringt, die Luft stand, die Leute schnatterten laut durcheinander, und jeder wollte sehen, was geschah. Der Lärmpegel war ohrenbetäubend. Ganz zu schweigen von den Gerüchen ...

Damit es schneller voranging, einigten John und ich uns darauf, dass ich die Patienten untersuchen und er die für mich unaussprechlichen Massai-Namen samt Diagnosen und Therapie ins Patientenregisterbuch eintragen würde.

Zuerst begannen wir mit den Babys und Kleinkindern, da diese noch keinen Sehtest machen konnten und sofort startklar waren. Um die Augen der Kleinen untersuchen zu können, musste ich ihnen die Augenlider umstülpen. Ich nahm das erste Baby auf den Schoß und klemmte mir seinen Kopf zwischen die Beine, denn bei dieser Prozedur hielt kein Baby freiwillig still. Auch achtete ich darauf, dass der Kleine seine Mutter anschaute und nicht mich. Einmal hatte ich einen Jungen anders herum auf meinen Schoß genommen und den vollen Urinstrahl abbekommen. Obwohl der Fleck bei der Hitze schnell trocknete, vermied ich solche „Unfälle“ seitdem lieber.

Kaum berührte ich die Augen des Babys, brüllte dieses lauthals los. Zeitgleich lachten die Massai-Frauen nicht minder geräuschvoll über das Schreien des Kindes.

Mitten in den Lärm hinein rief John: „Wie heißt das Baby?“

„Es hat noch keinen Namen.“

„Wessen Sohn ist er?“

Wieder einmal schrieb mein Kollege die Namensangabe „Sohn von ...“ in unser Patienten-Register.

„Wann ist das Kind geboren?“

„Weiß ich nicht mehr. Schau es dir doch an!“

Kurzerhand trug John das geschätzte Alter von zwei Monaten ein.

„Schau mal, dieses Baby hat eine extrem eitrige Augenentzündung, die Augenlider sind stark geschwollen und die Bindehaut ist total rot!“, unterbrach ich.

„Seit wann hat dein Kind diesen Eiter in den Augen?“, wandte sich John wieder an die Mutter.

„Seit seiner Geburt."

Beim weiteren Fragen bestätigte sich unsere Befürchtung: Die Mutter litt unter einer sexuell übertragbaren Krankheit und diese hatte beim Geburtsvorgang die Augen des Neugeborenen infiziert. Höchste Alarmstufe! Dem Kind drohte die Erblindung! Ohne die richtige Therapie würde dieses Kind in kürzester Zeit vollkommen erblinden. Aber nicht nur die Behandlung des Babys war wichtig, auch die Mutter benötigte eine Therapie, ebenso ihr Ehemann und alle weiteren Ehefrauen.

„Dein Kind wird blind, wenn du nicht genau tust, was ich dir sage. Versprichst du mir, dich genau an meine Anweisungen zu halten?"

„Ja, das mache ich."

„Also gut, dann hör zu: Wichtig ist, dass du deinem Baby die Augen mit Wasser auswäschst, sobald du Eiter in den Augen siehst. Mit Wasser, nicht mit einem Tuch, denn daran kleben dann die Krankheitserreger und machen dein Kind jedes Mal, wenn du das Tuch gebrauchst, noch kränker. Nimm einfach nur Wasser und wasch dir vorher und hinterher die Hände. Dann träufelst du jede Stunde einen Tropfen der Medizin in jedes Auge, ohne das Auge mit dem Fläschchen zu berühren. Ab übermorgen reicht es, wenn du dreimal täglich die Augentropfen anwendest. Und gib dem Opa und der Oma zu Hause nichts von der Medizin ab, denn solltest du versehentlich doch das kranke Auge berührt haben, würdest du deine alten Leute sehr krank machen! Das gilt auch für die Ziegen und Kühe. Die Medizin ist nur für dieses eine Kind. Du musst sie ihm geben, bis alles aufgebraucht ist."

Dann führte mein Kollege geschickt vor, wie die Augen ausgewaschen und die Augentropfen angewendet werden sollten.

Damit war dem Kind schneller geholfen als dem sechsmonatigen Kleinkind, dessen Mutter mich in Arusha um Rat gefragt hatte. Ihr Kind hatte von Geburt an die gleiche schreckliche Augeninfektion. In der Stadt war sie sogar in mehreren Augenkliniken gewesen, aber alle Medizin hatte versagt. Nachdem ich ihr sorgfältig erklärt hatte, wie sie die Augen ihres Kindes mit Wasser waschen sollte, sagte sie zu mir: „Das hat mir bis jetzt noch kein Arzt gesagt. Und ich war schon in drei verschiedenen Krankenhäusern."

Glücklicherweise konnte ich sie überzeugen, es noch einmal zu versuchen, und wenige Wochen später, als ich sie wieder traf, strahlte mich die Frau an: „Du, mein Kind ist jetzt völlig gesund. Ehrlich gesagt hatte ich die Hoffnung auf Heilung der Augen schon aufgegeben. Warum hat mir denn niemand gesagt, wie wichtig das Augenwaschen ist? Da habe ich monatelang die Augentropfen in die dick mit Eiter verklebten Augen getan und mich gewundert, warum die Medizin nicht wirkt!"

Das Baby in der Massai-Steppe wurde schnell gesund. Aber seine Eltern davon zu überzeugen, ihre Sexualerkrankung behandeln zu lassen, war eine andere Sache. Während die Mutter gern die notwendige Medizin einnehmen wollte, mussten wir darauf bestehen, dass zuerst der Mann mit allen seinen Frauen in unsere Klinik kam. Das war mit allen anderen Gesundheitseinrichtungen unserer Region so abgesprochen. Denn Einzelfallbehandlungen wären angesichts der sofortigen Neuansteckung vollkommen sinnlos gewesen.

Wie in vielen anderen Familiengruppen war es auch hier: Als die Frau ihren Mann bat, mit in die Klinik zu kommen, verprügelte er sie. Er beschuldigte sie, alle anderen angesteckt zu haben, und weigerte sich, medizinische Hilfe zu suchen. Egal, wie unfair das war, dass dieser Massai seine Frau anklagte, ich wollte der Frau helfen, und der Weg ging nur über ihren Ehemann. John und ich überraschten die Familie daher kurzerhand mit einem Hausbesuch. Obwohl der Mann meinem Kollegen auch nach allen Erklärungen nicht glauben wollte, dass es meist die Männer sind, die diese Krankheit mit nach Hause bringen, willigte er nach langer Diskussion zumindest ein, sich und seine drei Frauen medikamentös behandeln zu lassen.

Die Untersuchungen bei den Kindern offenbarten vieles. Die hohe Trachom-Rate zeugte davon, dass die Massai in dieser Gegend noch nicht regelmäßig ihre Gesichter wuschen.

Mit allem Eifer erklärte ich: „Ich weiß, dass ihr wenig Wasser habt und weite Wege dafür zurücklegen müsst. Aber ihr liebt doch eure Kinder und wollt ihr Bestes!“ Alle nickten. „Es ist wichtig, ihnen jeden Morgen und Abend das Gesicht zu waschen. Ich weiß, dass ihr weit laufen müsst und es schwere Arbeit ist, das Wasser heimzutragen. Deswegen verrate ich euch, wie ihr mit ganz wenig Wasser auskommen könnt. Mit nur einem Liter Wasser könnt ihr fünfzig Kindern die Gesichter waschen. Das zeige ich euch jetzt. Stellt die Kinder bitte in einer Reihe auf.“

Nach einigem Hin und Her standen die Kinder in einer Reihe. Ich nahm meine mitgebrachte Plastikflasche, in die ich mit einem heißen Nagel ein kleines Loch gebrannt hatte, verschloss das Loch mit meinem Finger und füllte die Flasche mit Wasser. Dann wusch ich einem Kind nach dem anderen das Gesicht mit dem winzigen Strahl aus dem Loch am Flaschenboden, wobei ich den Wasserstrahl nach jedem Waschvorgang stoppte. Auf diese Weise nutzte ich jeden Tropfen Wasser optimal aus. Die Leute waren begeistert und versprachen, ab sofort ihren Kindern die Gesichter zu waschen.

Obwohl es in der Gegend relativ grün war, gab es viele Fälle von Vitamin-A-Mangel. Dieses lebenswichtige Vitamin ist in allen grünen und orangen Obst- und Gemüsesorten enthalten. Da mein Kollege sich besser mit den Beeren und Früchten in der Massai-Steppe auskannte, sprach er dieses Thema mit den Massai durch.

Diese praktisch ausgerichteten Themen im Gesundheitsunterricht waren mir überaus wichtig. Nach dem Motto: „Vorsorge ist besser als Heilung“ wollte ich auf Dauer nicht nur Krankheiten behandeln, sondern langfristig eine gesündere Lebensweise erzielen.

Nach etwa zwei Stunden lautem Kindergeschrei waren die Erwachsenen mit den Augenuntersuchungen an der Reihe. Wenn die Luft auch zum Schneiden war, so tat doch der nachlassende Lärmpegel gut. Pausenlos untersuchten und berieten wir die Leute bis Sonnenuntergang. Auch an diesem Tag fanden wir einige Leute, denen durch eine chronische Trachom-Infektion der Verlust ihres Augenlichts drohte.

Zu einer *Koko* – „Oma“, wie die Massai ihre älteren Damen liebevoll nennen – sagte ich: „Das Problem, das du hast, kann ich nicht nur mit Medizin behandeln. Du brauchst eine Operation.“

„Operation?! Nein, ich lasse nicht an meinen Augen herumschneiden!“

„Aber wenn du nicht operiert wirst, wirst du in wenigen Monaten blind sein. Ich verspreche dir, es wird nicht wehtun.“

„Nein, ich will nicht. Dann werde ich eben blind!"

„Überleg doch mal, du kannst es verhindern, blind zu werden! Bitte lass mich dich operieren. Ich meine es doch gut mit dir!", bat ich sie eindringlich.

„Nein, ich will nicht! Lieber werde ich blind!"

„Aber wie willst du dich dann hier in deinem Dorf bewegen, wenn du gar nichts mehr sehen kannst?"

„Das ist nicht schwer: Ein Kind wird mich am Stock führen", konterte die Alte hartnäckig.

„Sag mal, ist es dir denn ganz egal, ob du blind wirst?"

„Ja! Wenn man alt wird, wird man blind. Das war schon immer so. Meine Großeltern und meine Eltern sind im Alter von einem Kind am Stock geführt worden. Und ich werde auch am Stock geführt werden, so wie alle unsere Alten. Blindheit gehört zum Alter dazu. Das ist ganz normal."

Mehrere meiner stundenlangen Überzeugungsversuche schlugen fehl. Es blieb mir nichts anderes übrig, als mit anzusehen, wie diese *Koko* erblindete und, wie sie es vorausgesagt hatte, schließlich von einem Kind am Stock geführt wurde.

Sie tat mir leid. Aber ich musste ihre Entscheidung respektieren, wenn ich auch wusste, ihrer Erblindung hätte durch einen kleinen operativen Eingriff vorgebeugt werden können. Ein kleines Trostpflaster war mir der Gedanke an die etwa 100 Menschen, die ich jedes Jahr operierte und so davor bewahrt hatte, ihr Augenlicht zu verlieren.

Im letzten Jahr meiner Tätigkeit in der mobilen Klinik hatte ich die Gelegenheit, an einem Augenseminar in Moshi teilzunehmen. Für die Zukunft unserer Arbeit war dieses Seminar von wesentlicher Bedeutung. Die *Christoffel-Blindenmission*, die in der ganzen Welt fachkompetent Blindheit bekämpft und permanent erblindeten Menschen hilft, lud dazu ein. Ohne ihre Unterstützung war unsere *NMMU*-Arbeit undenkbar.

Für drei Tage trafen sich 48 Leute aus Tansania, Kenia, Uganda, Indien und England. Alle waren in der Augenheilkunde tätig und kämpften für das Augenlicht der Menschen. Die Fachleute aus Indien und England lehrten uns über hochinteressante Themen.

Dennoch schweiften meine Gedanken nicht selten zu meinem Kollegen, der um das Leben vieler Menschen kämpfte. Täglich stellte ich über das Funkgerät im Auto Verbindung zu ihm her und bot ihm an, sofort zu ihm zu kommen, sollte er mich brauchen. Doch er lehnte ab und informierte mich ständig über den neusten Stand der Dinge in Piyaya.

Am letzten Tag bekamen die Seminarteilnehmer Gelegenheit, in zehnminütigen Vorträgen ihre eigene Arbeit vorzustellen. Als ich an der Reihe war, erzählte ich: „Als ich vor fünf Jahren in der Nordsteppe mit der Augenarbeit anfing, hatten wir unter den Grundschülern eine Trachom-Rate von 60 bis 90 Prozent. Wir verteilten Augensalbe und belehrten die Schüler, dass sie sich die Gesichter waschen sollten. Nichts änderte sich. Zwei Jahre lang untersuchten mein Kollege und ich rund 2.000 Schüler. Ich dokumentierte alles und stellte Statistiken auf. Die Lage wollte sich trotz Aufklärung und Salben nicht bessern. Bei jedem Besuch schauten mich wieder total schmutzige Kindergesichter an. Spontan sagte ich den Kindern einer Schule dann: Wenn sie sich die Gesichter waschen würden und ich eine ganze Schulklasse ohne einen Fall mit Trachom finden würde, würde ich ihnen einen Fußball schenken. Beim nächsten Besuch dort ein halbes Jahr später hatten nur noch 8 Prozent der Schüler ein Trachom. Die erste Klasse bekam ihren Fußball. Anträge von den anderen Schulen folgten. Alle wollten an dem Schulwettbewerb teilnehmen. Inzwischen liegt die Trachom-Rate an allen Schulen unter 10 Prozent, an vielen sogar nur noch bei 3 Prozent. Die Fußbälle waren kostengünstiger als Augensalbe für die vielen Kinder!"

„You must write this up!" („Sie müssen das veröffentlichen!"), meldete sich ein Doktor der Londoner Universität für Tropenmedizin zu Wort. „So viele Leute schreiben die tollsten Arbeiten über das Trachom, aber niemand hat je die Arbeit an der Basis geleistet und dokumentiert und dabei die Erkrankung so erfolgreich eingedämmt wie Sie."

Nach meinem Vortrag stürmten gleich zwei Lehrer der Universität von Leeds auf mich zu. Sie versuchten mich dazu zu bewegen, an ihrer Uni zu studieren und meine Erkenntnisse und Praxiserfahrung zu veröffentlichen. Einer schenkte mir spontan ein Buch über Epidemiologie. Das sollte mir beim Verfassen meiner Arbeit helfen.

Mich überraschten die positiven Reaktionen der Fachleute. Ich hatte doch nur einfach meine Arbeit gemacht und das getan, was auf der Hand lag, um diese blind machende Augenkrankheit zu bekämpfen.

Kapitel 6

DER SCHANDHAFTE TOD

Daudi* war anders als der Rest der Familie. Alle seine vier Geschwister lebten aktiv ihren Glauben an Jesus Christus. Zwei seiner Brüder waren sogar Pastoren, deren Predigten wegen ihres vorbildlichen Lebensstils auf offene Ohren stießen.

Doch für Daudi war das alles Quatsch. Er lebte sein Leben, wie es ihm passte. Wie er seine Zeit verbrachte, wusste keiner so genau. Oft kam er zugekifft nach Hause, schnappte sich ein Huhn und verschwand damit, um es in Geld umzusetzen oder mit seinen Freunden aufzuessen. Nicht einmal Mama Daudi*, seine warmherzige Mutter, traute sich, etwas gegen sein Verhalten zu sagen. Seine Augen wirkten finster, ja bösartig unter den heruntergezogenen Augenbrauen. Ein falsches Wort, und er schrie jeden an, der ihm in die Quere kam.

Mama Daudi, einer tiefgläubigen Frau, tat es weh, ihren Sohn so absacken zu sehen. Immer öfter kam er halb besinnungslos nach Hause. Im Schlaf knirschte er so laut mit den Zähnen, dass es durch das ganze Haus zu hören war. Seine Geschwister beteten für ihn, doch nichts half. Bei jedem gut gemeinten Vorschlag, sein Leben zu ändern, packte er denjenigen am Kragen, der versuchte ihm zu helfen. Jahrelang ertrug ihn seine Familie einfach, wie er war, und hoffte, er würde sich bessern. Sie lebten gemeinsam in einem Haus, da sich keiner der erwachsenen Geschwister ein eigenes Heim oder eine Wohnung leisten konnte.

Daudis Wutanfälle wurden immer häufiger. Seinen ungesunden Lebensstil sah man ihm so langsam auch an. Immer öfter plagten ihn Infektionskrankheiten. Chronische Durchfälle und Malaria zehrten an ihm. Medikamente brachten keine dauerhaften Erfolge und halfen bald kaum noch. Sein Körper baute rapide ab. Dünn wie ein Skelett und kraftlos konnte er bald nur noch liegen.

Seine Familie pflegte ihn tagein, tagaus. Sie versorgten ihn mit Essen, wuschen ihn und bemühten sich, ihm jeden Wunsch zu erfüllen. Aber ein Wort über das Thema Glauben, und der alte Zorn flammte in ihm auf. Mit aller Kraft wehrte Daudi sich dagegen. So beschlossen die anderen, Daudi nicht mit Worten, sondern mit Taten von Gottes Liebe zu überzeugen.

Geduldig ertrugen sie seine unberechenbaren Launen. Kämpften sie anfangs noch gegen einzelne Krankheiten, war inzwischen jedem klar, was Daudi wirklich hatte. Jeder wusste, er war verloren. Doch darüber sprach niemand. Wie in fast allen Familien Tansanias war dieses Thema tabu, besonders wenn es jemanden aus der Verwandtschaft traf. Es war eine Schande, an AIDS zu erkranken. Aids-Kranke pflegte man zu Hause, bis sie starben.

Ein Arzt vertraute mir einmal an: „Sister, wenn ich als Diagnose *Aids* auf den Totenschein schreibe, verliere ich alle meine Patienten. Die Angehörigen würden mich überall schlechtmachen und erzählen, ich hätte Schande über die Familie gebracht. Deshalb schreibe ich immer nur *Malaria, Lungenentzündung* oder *Tuberkulose* auf den Totenschein. Die wahre Todesursache verschweige ich. Sonst kann ich meine Praxis dichtmachen."

Zwei Tage vor seinem Tod lenkte Daudi dann schließlich

ein. Er hatte nichts mehr zu verlieren. Also rief er seine Geschwister zu sich und sagte: „Ich will Jesus als meinen Erretter annehmen. Ohne ihn lande ich in der Hölle, das weiß ich genau.“

Seine Familie betete mit ihm. Der verhärtete Ausdruck in Daudis Gesicht wandelte sich. Frieden erfüllte sein Herz, nachdem er Jesus seine Sünden bekannt und sowohl Gott als auch seine Geschwister und Eltern um Vergebung gebeten hatte. Die letzten 48 Stunden seines Lebens schwankte er zwischen Koma und Wachzustand.

Als niemand es mehr erwartete, rief er plötzlich klar und deutlich: „Ich sehe sie, da sind die Engel Gottes! Sie holen mich jetzt heim zu Gott. Es ist so schön!“

Das waren seine letzten Worte. Mit 32 Jahren ging Daudi für immer aus dem Leben. Die Familie tröstete sich mit dem Wissen, dass ihr Sohn und Bruder am Ende seiner Lebensreise zu Gott gefunden hatte. Die offizielle Todesursache lautete „Nierenversagen“. Wie in allen anderen Familien wagte Daudis Familie es nicht, den Namen eines Toten zu beschmutzen. Erst Jahre später schrieb mir seine Schwester, dass Daudi an Aids gestorben war.

Rehema* wollte ihren Augen nicht trauen, als sie nach Jahren ihren Sohn Musa* auf ihr Haus zukommen sah. Mühsam wie ein alter Mann schleppte sich der 28-Jährige Schritt für Schritt voran. Seine Kleidung flatterte wie eine Fahne im Wind an seinem ausgemergelten Körper. Entsetzt rief Rehema ihren Mann und bat ihn, Musa zu begrüßen, weil sie es nicht konnte.

„Du kannst doch nicht weglaufen, wenn dein Sohn

kommt!", entgegnete er schroff und brummte dann: „Bleib hier!"

„Nein, ich kann nicht!", stieß sie im Weggehen hervor.

Schnell versteckte sie sich in einem Nebenraum. Als erfahrene Krankenschwester wusste sie augenblicklich: Musa kam heim, um zu sterben. Ihr Sohn hatte Aids.

Als ihr Mann Musa willkommen hieß, floss ein Strom von Tränen aus ihren Augen. Eine halbe Stunde kämpfte sie gegen die Tränenflut. Als sie ihre Gefühle wieder halbwegs unter Kontrolle hatte, wusch sie sich das Gesicht. Musa sollte nichts von den Tränen seiner Mutter wissen. Sie trat in das Wohnzimmer und umarmte ihren Musa, wie nur eine Mutter es kann. Die nächsten Monate würden hart werden, das wussten alle. Doch jetzt war Wiedersehensfreude angesagt.

Sieben lange Jahre hatten sie sich nicht gesehen. Musa war als gesunder junger Mann nach Dar es Salaam gereist, der inoffiziellen Hauptstadt Tansanias. Nachdem seine Eltern ihm eine teure Schulausbildung finanziert hatten, wollte er Karriere in der Großstadt machen. Er war ihre Hoffnung auf eine bessere Zukunft. In ihn hatten sie alles investiert. Vielleicht würden sie später mit seiner Hilfe ein schöneres Haus bauen können. Er sollte ihre Altersversorgung sein. Wie fast alle Eltern in Tansania zählten sie darauf.

Aber Musa brachte es zu nichts. Da hielt er sich lieber von seinen Eltern fern, denn er wollte sie nicht enttäuschen. Von irgendeiner seiner vielen oberflächlichen Beziehungen fing er sich das HIV-Virus ein. Das merkte er zunächst nicht. Aber als er immer wieder krank wurde und rapide an Gewicht verlor, ahnte er, was mit ihm los war. Erst verdrängte er den Gedanken daran erfolgreich, doch bei der Behandlung einer der ständig neu aufflammenden Infektionskrankheiten diagnostizierte sein Arzt dann schließlich Aids.

Vor seinen Freunden in der Stadt schämte Musa sich furchtbar. Nein, sie sollten ihn nicht noch mehr abbauen sehen oder gar erfahren, dass er Aids hatte. Diese Blöße wollte er sich nicht geben. Er war für sie der immer fröhliche Lebenskünstler gewesen, den so leicht nichts erschüttern konnte. So sollten ihn seine Freunde in Erinnerung behalten.

Wie die meisten seiner Leidensgenossen zog er sich ins Elternhaus aufs Dorf zurück. Im Notfall konnte man immer auf die Eltern zählen. Sie würden sich diskret verhalten und nicht überall im Dorf von der Erkrankung ihres Sohnes sprechen. Auch würden sie ihn pflegen, sollte dies notwendig werden.

Musa verbrachte die letzten 18 Monate seines Lebens zurückgezogen in seinem Elternhaus. Statt von ihrem Sohn im Alter Hilfe zu bekommen, gaben Rehema und ihr Mann ihre letzten Ersparnisse aus, um Musa sein Lebensende so angenehm wie möglich zu gestalten. Wünschte Musa sich etwas zu essen, kochte seine Mutter es für ihn. Doch leider war ihm der Appetit meist schon wieder vergangen, wenn das Gericht auf dem Teller war. Es brach Rehema das Herz, ihren eigenen Sohn sterben zu sehen. Noch heute gerät sie völlig aus der Fassung, wenn sie von dem Tag redet, als Musa mit Aids nach Hause kam.

„Warum", fragte sie mich, „wollen die jungen Leute hier in Tansania nicht auf uns Ältere hören und ihr sexuelles Verhalten ändern? Sie werden alle so enden wie mein Sohn."

„Das verstehe ich auch nicht, und weißt du vielleicht, warum sich sogar junge Krankenschwestern während ihrer Ausbildung nachts als Prostituierte anbieten? Für ein paar Cent setzen sie ihr Leben aufs Spiel!", überlegte ich laut und schaute Rehema achselzuckend an.

„Sie denken nicht an morgen. Sie wollen sich was Schönes zum Anziehen kaufen!“, erklärte mir die erfahrene Frau.

„Aber sie werden in der Krankenpflegeschule doch lang und breit über Aids unterrichtet. Sie kennen die Übertragungswege, sie pflegen Aids-Patienten auf der Station, und zwei aus ihrer Klasse sind mit Anfang Zwanzig unter qualvollen Schmerzen gestorben. Wie können sie da an Röcke und Blusen denken?“, fragte ich kopfschüttelnd weiter.

Rehema verstand es genauso wenig wie ich. Dennoch versuchte sie mir Antworten zu geben.

„Sie sind ignorant. Im Kopf wissen sie alles, aber sie reden sich ein, ihnen würde so etwas nicht passieren. Die Schulkolleginnen hätten eben nur Pech gehabt.“

Über dieses Thema mit Rehema zu sprechen zeigte mir die Gefühle der Betroffenen hautnah. Gleichzeitig erfasste mich Traurigkeit und eine gewisse Ratlosigkeit. Wie sollte ich die Massai über diese verheerende Krankheit aufklären? Womit könnte ich sie zu einer Verhaltensänderung bewegen? War das überhaupt möglich?

Einen ersten großen Schritt in der Aids-Bekämpfung in meinem Arbeitsgebiet gingen wir als NMMU zusammen mit dem Krankenhaus in Wasso. Sie organisierten ein Aids-Seminar und luden alle im Gesundheitswesen Tätigen dazu ein. Vertreter aller Gesundheitsstationen – katholisch, evangelisch und die der Regierung –, einige unabhängige Organisationen, die im Bereich Bildung tätig waren, und die NMMU nahmen unter der Leitung eines Teams des Krankenhauses an dem ersten Seminar teil. Gemeinsam beschlossen wir, zunächst eine Bestandsaufnahme zu machen und daraus einen Aktionsplan zu entwickeln.

Mit vorsichtigen Schätzungen gingen die Gesundheitsbehörden davon aus, dass 20 % der Bevölkerung HIV-positiv waren. Aus Stadtkrankenhäusern hörte ich von 30 bis 40 % HIV-positiven Patienten. Die Statistiken in Wasso ließen uns Seminarteilnehmer zunächst aufatmen; wir hatten Schlimmeres erwartet. Bisher gab es in unserer Gegend nur vereinzelt Menschen, die das Aids-Virus in sich trugen. Aber sie kamen aus allen Himmelsrichtungen. Was wir sahen, war offensichtlich nur die Spitze des Eisbergs.

Um die Ausbreitung von Aids einschätzen zu können, brauchten wir mehr Anhaltspunkte. Verschiedene Gruppen erstellten daher Feldstudien und berichteten uns von ihren Resultaten. Mir fiel die Kinnlade herunter, als ich hörte, dass es allein in Wasso mit seinen 3.000 Einwohnern 18 Prostituierte gab. Kondome benutzte niemand. Ein Freier zahlte durchschnittlich einen Euro pro Besuch.

Josephine*, meine Massai-Freundin, trat einen Schritt vor und ergriff das Wort: „Mich hat das Krankenhaus losgeschickt in das Dorf Sakala, um die jungen Leute im Alter von 14 bis 18 Jahren über ihr sexuelles Verhalten zu interviewen. Sowohl die Krieger als auch die Mädchen haben mir gesagt, sie hätten durchschnittlich zehn Sexualpartner zur gleichen Zeit."

Schallendes Gelächter erfüllte den Raum. Die Massai-Männer unter den Mitarbeitern winkten ab. Alle unsere Blicke richteten sich auf Ole, der nicht mehr an sich halten konnte: „Das halte ich für stark untertrieben!", rief er in die Runde. „Das stimmt niemals, die haben viel mehr Beziehungen als nur zehn gleichzeitig."

An den nickenden Köpfen der anderen sah ich, dass Ole aussprach, was alle dachten. Augenblicklich fingen wir an zu rechnen; wenn nur ein Mann, der HIV-positiv war, das

Virus an 10 Mädchen übertrug, die jeweils ihre 10 Lover ansteckten, die wiederum 10 Freundinnen ... und so weiter ... ach du liebe Güte!

Josephine, die den Stein ins Rollen gebracht hatte, meinte, sie müsse sich rechtfertigen: „Ja, ich weiß, es ist furchtbar. Aids wird sich rasend schnell in der Massai-Steppe ausbreiten. Zu gern hätte ich den jungen Leuten gesagt, sie sollen sich lieber nur mit einem Partner einlassen. Aber ich habe selbst drei Kinder und keinen Mann. Weil sie sich überhaupt nicht ähnlich sehen, weiß jeder, sie sind von unterschiedlichen Vätern. Ich wohne in der Gegend. Sie kennen mich alle. Ich konnte ihnen doch nicht predigen, was ich selbst nicht tue."

Zustimmend nickten wir. Ihre entwaffnende Ehrlichkeit erstickte jede Kritik schon im Keim. Als Massai-Frau wäre sie die Dienerin ihres Ehemanns geworden, hätte sie geheiratet. Die selbstbewusste Josephine, von einem Ehemann bevormundet? Das passte nicht. Um unter ihren Leuten anerkannt zu sein, brauchte sie aber Kinder. Nur so wurde sie als vollwertiger Mensch akzeptiert. Bewundernswert meisterte sie allein ihr Leben, versorgte ihre Kinder und ihre alte Mutter hervorragend und verbreitete die beste Stimmung, wo immer sie hinkam. Mit ihr zu arbeiten war das reinste Vergnügen.

Bei der Frage, warum die Massai im jungen Alter so viele Sexualpartner haben, meldete ich mich zu Wort. Unterwegs mit Angelika hatte ich eine unglaubliche Antwort darauf gefunden, das musste ich einfach erzählen.

„Wir saßen im Schatten einer Schirmakazie mit einigen Frauen zusammen. Da kein Mann anwesend war, fühlten wir uns frei, das Thema Sexualität anzusprechen, denn es gab viele Sexualerkrankungen und wir wollten helfen, sie einzudämmen. Zu unserem Erstaunen redeten die Massai-Frauen so locker über die intimsten Fragen wie wir über das Wetter. Als wir sie fragten, in welchem Alter sie mit dem Geschlechtsverkehr anfingen, deuteten sie auf zwei Mädchen im Alter von 10 bis 12 Jahren.

‚Die machen es schon!', zeigte eine der Frauen lachend auf die Kinder.

‚Was?!', platzte ich heraus und schaute die Frauen total perplex an.

‚Ja, sonst wächst die Brust nicht! Natürlich können ihre eigenen Mütter sie nicht zu den Kriegern schicken, damit sie mit ihnen ins Bett gehen, aber das übernehmen die Tanten.'

‚Schau mich an, ich habe auch Brüste und habe es nicht getan!', versuchte ich zu argumentieren.

Von beiden Seiten gleichzeitig kamen Hände und berührten völlig ungeniert meine Brüste. Sie fühlten und überprüften, ob meine Aussage der Wahrheit entsprach. Wie aus der Pistole geschossen folgte ihr Kommentar: ‚Du hast Brüste!' Die Wortführende zwinkerte mir zu: ‚Also hast du es auch gemacht! Sonst hättest du ja keine!'

Das war in sich logisch und die Frauen ließen sich nicht vom Gegenteil überzeugen. Wir redeten gegen eine Wand. Mit dem Gefühl, nichts erreicht, aber viel dazugelernt zu haben, endete unsere Diskussionsgruppe mit den Frauen.

Meint ihr, wir werden in der Lage sein, solche grundsätzlichen Überzeugungen der Menschen zu ändern und somit eine Verhaltensänderung bewirken? Oder denkt ihr, dass die Leute wenigstens den Gebrauch von Kondomen einsehen würden?"

Es hagelte Kommentare. Den meisten hatte ich nichts Neues erzählt. Eine andere tief sitzende Überzeugung kam zu Tage: Die Männer glaubten nicht, dass es möglich sei, sexuelle Triebe zu beherrschen. Dadurch bedingt käme es ständig ungeplant, sprich, ungeschützt zu sexuellen Kontakten mit Personen, zu denen keine nähere Beziehung bestand. Dieses Problem betraf auch das Gesundheitspersonal. In einer anonymen Studie gestand ein Großteil der Ärzte und Krankenschwestern ein, sie hätten mehrere außereheliche Partner und benutzten entgegen besseren Wissens keine Kondome. Oft waren die Aufklärer Menschen, deren Leben eine andere Sprache sprach als ihre Worte. Die Menschen schenkten einer solchen gesundheitlichen Aufklärung selbstverständlich keinen Glauben. Im Gegenteil, sie waren überzeugt, der Aufklärer wollte nur alle schönen Frauen für sich allein haben.

Trotz der frustrierenden Tatsachen beschlossen wir einige Maßnahmen. Ab sofort wollten wir alle, egal von welchem Arbeitgeber wir kamen, die gleichen Standards bei der Behandlung von sexuellen Erkrankungen anwenden. Keine Therapie mehr für Einzelne, sondern nur noch für ganze Familieneinheiten und nach Möglichkeit alle außerehelichen Beziehungen. Dadurch könnten wir die Ausbreitung erheblich reduzieren. Wasso richtete ab sofort eine Beratungsstelle ein, um HIV-Positiven zu helfen. Wir als NMMU-Team verpflichteten uns, an allen Einsatzorten Aufklärung zu betreiben. Von da an trafen wir uns jedes Jahr für ein dreitägiges Seminar. Dabei bauten wir auf unseren vorherigen Ergebnissen auf und nahmen unter die Lupe, ob unsere Maßnahmen griffen. Die Ausbreitung von Aids schritt fort, aber längst nicht in dem Maß, wie wir es befürchtet hatten. Vielleicht war unsere gemeinsame Kraftanstrengung doch ein wenig mehr als nur ein Tropfen auf den heißen Stein.

Nach dem Seminar machten John und ich uns auf den Weg. Unter Bäumen, in Lehmhütten, in Schulen, unterwegs im Auto und auf Marktplätzen verkündeten wir entgegen den Landesgepflogenheiten die „Habari mbaya", die schlechte Nachricht. Allein bei der Ankündigung waren sofort alle ganz Ohr, denn in Tansania sind Nachrichten immer gut, nie schlecht – höchstens nur ein wenig gut. Wir schockierten die Zuhörer, indem wir direkt von schlechten Nachrichten sprachen. Die Botschaft lautete: „Aids ist unter euch, hier in eurem Dorf, nicht nur in der weit entfernten Stadt."

Unter einem großen Baum in Soit Sambu versammelte sich praktisch das ganze Dorf. Die Frauen saßen mit ihren Kindern auf einer Seite, gegenüber machten die Männer es sich im ausgetrockneten Gras bequem. Ich nahm neben den Frauen auf dem Boden Platz. John stellte sich in die Mitte und erhob seine kräftige Stimme. Eine Gruppe von Kriegern, jeder auf seinen Speer gestützt, stand stolz in einiger Entfernung. Ihre roten Tücher leuchteten in der Sonne, ihre Beine waren mit Ockerfarbe bemalt und ihre langen Haare kunstvoll frisiert. Sie hörten von Weitem zu, da ihre Tradition ihnen nicht erlaubte, sich mit den anderen hinzusetzen.

Den Zuhörern zugewandt begann John mit den Worten: „Heute bringen wir euch schlechte Nachrichten. Es gibt Aids hier im Dorf. Habt ihr schon von dieser Krankheit gehört?"

„Ja, Aids gibt es in Arusha und in den anderen großen Städten, aber doch nicht hier! Wir haben im Radio davon gehört", wandte ein Mann ein.

„Stimmt, aber auch wenn noch niemand erkrankt ist: Wir wissen, Aids ist hier", fuhr mein Kollege fort. Ruhig erklärte er, dass Aids meist erst 5 bis 10 Jahre nach der Ansteckung erkennbar ausbricht, welche Krankheitssymptome dann auftreten, wie die Ansteckung stattfindet, nämlich zu über 90 % auf dem sexuellen Weg, und dass es keine lebensrettende Medizin dagegen gibt. Untersuchungsergebnisse belegten, dass mindestens drei Leute aus Soit Sambu bereits mit dem HIV-Virus infiziert waren.

Schockiert rief eine sehr alte Frau in die Runde: „Wenn

das stimmt, was du sagst, dann werden wir bald einen nach dem anderen unserer jungen Leute beerdigen müssen!"

Sie glaubte nicht daran, dass die Jüngeren ihre sexuellen Verhaltensweisen ändern würden. Aus ihrem eigenen Leben kannte sie ja sämtliche Verhaltensmuster und Überzeugungen, die dahinter standen.

Als einige Männer äußerten, die Sache sei nur erfunden, damit die Kirche Zuläufe bekommt, meldete ich mich zu Wort. Mit allem Ernst schaute ich sie an und sagte: „Es geht hier um Leben oder Tod. Ich suche keine neuen Kirchenanhänger, sondern ich bin nach Tansania gekommen und habe meine Freunde und meine Familie zurückgelassen, weil ich euch mag. Ich möchte nicht, dass ihr an Aids leiden und sterben müsst. Ihr sollt durch unsere Aufklärung eine Chance haben, euch vor der tödlichen Gefahr zu schützen. Glaubt ihr wirklich, ich würde euch anlügen?"

Der Zweifel war ausgeräumt. Deutlich schüttelten die Wortführer ihre Köpfe. Jetzt wollten sie genauer wissen, wie sie sich vor einer Infektion schützen konnten. John erklärte den Gebrauch von Kondomen, favorisierte aber eheliche Treue als besseren Schutz. Auch sprach er traditionelle Praktiken wie das Beschneiden von Jungen und Mädchen an. Wenn man dabei für mehrere Kinder die gleichen Rasierklingen benutzte, war eine Übertragung von Viren nur allzu leicht.

Nach der niederschmetternden Botschaft vom sicheren Tod der Aidskranken brachte John es nicht fertig, die Leute ohne Hoffnung zu verlassen. So fügte er hinzu: „Wenn du schon HIV-positiv bist, wirst du sterben. Du hast dein Leben auf dieser Welt verspielt. Aber ich möchte dir Mut machen: Es gibt ein Leben nach dem Tod, wirf das nicht auch noch weg! Jesus kann dir ewiges Leben schenken. Wenn du mehr darüber wissen willst, erkläre ich es dir gern und bete mit dir."

Ob jemals jemand auf dieses Angebot eingegangen ist, weiß ich nicht.

In Mgongo, einem Sonjo-Dorf mit 800 Einwohnern, gab es acht Aidskranke, und wer wusste, wie viele Leute sich schon angesteckt hatten! Obwohl das Dorf von Loliondo aus gesehen direkt hinter dem Berg lag, war es nicht so einfach, dorthin zu kommen. Da kein Weg über den Berg führte, umfuhren wir ihn. Mgongo lag im Tal, von hohen Bergen umgeben. Der anfänglichen Hauptstrecke schloss sich eine mit Hacken, Macheten und Äxten gebahnte Piste an. Immer wieder musste ich durch dichte Wälder, tiefe Bachläufe und meterhohes Gras fahren. Dabei bekam der Landcruiser mehrmals eine solche Schieflage, dass ich befürchten musste, umzukippen. Ganz abgesehen davon konnte ich die meiste Zeit keine Reifenspuren erkennen. Ohne ortskundige Führer hätte ich den Weg das erste Mal nie gefunden.

Manchmal war seine Aufforderung: „Folge der Straße!", der reinste Witz. Das spannendste Teilstück des Weges ging unglaublich steil bergab. Zutiefst beeindruckt von der Geländegängigkeit meines Dienstwagens und der sagenhaft schönen Landschaft genoss ich auch diese Fahrt, ebenso wie alle meine Dienstreisen. Die Gegend war fast das ganze Jahr herrlich grün. Überall waren Bäume.

Im Vorbeifahren wiesen mich meine Mitfahrer auf bestimmte Baumarten hin: „Siehst du diesen Baum, Sister? Aus der Borke stellen wir Medizin gegen Malaria her." Begeistert deutete der Mann auf den Baum daneben. „Und aus den Samen dieses Baumes machen wir Tee, der gegen Herzprobleme hilft!"

Unzählige Erklärungen folgten. Am liebsten hätte ich bei jedem Baum angehalten, Fotos gemacht und mir dazu sämtliche Informationen notiert. Wie ich erfuhr, hatte sich bereits ein kanadischer Professor der Erfassung und Bestimmung von Naturheilmitteln in unserer Gegend gewidmet. Nur leider gelang es mir nicht, an seine interessante Studie heranzukommen.

Endlich unten im Dorf angelangt, behandelten John und ich wie üblich zunächst alle Augenkranken. Danach kamen wir zu unserem Hauptanliegen. Um möglichst konkret und offen über das Thema Aids und die spezielle Lage in Mgongo sprechen zu können, baten wir um ein Treffen mit den Dorfältesten. Am Marktplatz unter einem riesigen Baum mit weit reichenden, Schatten spendenden Ästen setzten wir uns auf die glatten Flusssteine, die den Alten bei allen ihren Zusammenkünften als Sitzgelegenheit dienten. Als einzige Frau durfte ich an der Männerbesprechung teilnehmen, denn als weiße *Sister* war ich so etwas wie ein Neutrum für sie. Um niemanden zu irritieren, nahm ich mir sicherheitshalber fest vor zu schweigen.

John hielt seine Rede über Aids und teilte den Ältesten offen mit, wie hoch die Infektionsrate in ihrem Dorf bereits war. In der sich anschließenden Diskussionsrunde stellten die Männer ihre intimsten Fragen. Oft schämten sie sich dabei, lächelten verlegen oder versteckten ihre Gesichter hinter ihren Tüchern. Aber die Neugier war größer als die Scham. Sämtliche Details wurden durchgesprochen. Nach zwei Stunden hatte ausnahmslos jeder begriffen, was Aids war und wie die Krankheit übertragen wurde.

An dieser Stelle fragte John in die Runde: „Euer Dorf ist von dieser Krankheit bedroht. Ihr seid die Ältesten – was wollt ihr tun, um eure Leute davor zu schützen?"

„Wir müssen die HIV-Infizierten, die noch nicht erkrankt sind, töten. Sonst stecken sie alle anderen im Dorf an. Ihre Partner haben ja nicht die geringste Ahnung, dass sie sich ein tödliches Virus einfangen!"

„Ja", pflichtete ihm ein anderer Alter bei, „mit einem erkennbar Kranken lässt sich niemand ein. Aber die noch

Gesunden, die unerkannt das Virus in sich tragen, sind gefährlich. Wir müssen sie umbringen, um sicher zu sein. Das ist unsere einzige Chance, unser Dorf vor einer Katastrophe zu schützen."

Mein Vorsatz zu schweigen war dahin. Ich schaute den letzten Sprecher an und fragte: „Wenn du einer der Virusträger wärst, was hättest du gern? Wie sollten die anderen mit dir umgehen?"

Schweigen. Nach einer längeren Denkpause änderten sie ihre Meinung. Denn niemand wollte natürlich getötet werden, sollte Aids ihn persönlich betreffen. Der Ältestenrat beschloss, die jungen Leute aufzuklären. Getrennt wollten sie junge Männer und junge Frauen zusammenrufen und ihnen ans Herz legen, was sie eben selbst gelernt hatten. Sie wollten sich neue Verhaltensregeln ausdenken, die für das gesamte Dorf verbindlich sein sollten.

Mit dieser Entscheidung waren John und ich sehr zufrieden. Denn die Ältesten besaßen einen viel größeren Einfluss auf die jüngere Generation als wir. Außerdem handelte es sich um ein Problem des Dorfes, und mir gefiel es, wie sich die Ältesten verantwortungsvoll um ihre eigenen Belange kümmerten. Sie kannten ihre Kultur besser als ich. Deshalb waren sie eher in der Lage, Maßnahmen zu beschließen und umzusetzen, die dann auch wirklich griffen.

Die feuchte Hitze in Mgongo hinter uns lassend kletterte der Landcruiser wieder die steilen, felsigen Pfade hinauf ins Hochland Richtung Loliondo. Während der Fahrt erklärte ich meiner Praktikantin die Einzelheiten des Ältestentreffens und der Aids-Situation.

Oben im Wald angelangt fiel John das viele trockene Holz auf. Einige Äste hingen wohl schon jahrelang verdorrt an den Bäumen. Seine Idee, bei dieser Gelegenheit Feuerholz für seine Frau mitzunehmen, unterstützte ich selbstverständlich. Alle stiegen aus und suchten sich einen Baum aus, von dem sie dann die vertrockneten Äste rissen. Mein Baum lag weiter entfernt. Der große Ast wollte einfach nicht abbrechen. Also setzte ich mein ganzes Körpergewicht ein und stemmte mich mit aller Kraft gegen den widerspenstigen Ast, bis er endlich krachend nachgab.

Meine Trophäe auf der Schulter tragend kehrte ich zum Auto zurück – und traute meinen Augen nicht. Da hatte meine Praktikantin das Feuerholz doch tatsächlich in den hinteren Teil des Wagens geschmissen. Die anderen Mitfahrer hatten ihr dabei geholfen. Es war eine beträchtliche Menge. Für mich war es eine Selbstverständlichkeit, dass Feuerholz auf den Dachgepäckträger gehörte. Aber ich hatte es ihr nicht gesagt. Da ich also selbst schuld war, teilte ich ihr nur knapp mit, dass das Holz beim nächsten Mal bitte auf das Dach soll. Die Arbeit, jetzt noch alles umzuladen, wollte ich niemandem zumuten. Voll beladen schaukelten wir eine Stunde lang heimwärts.

Angekommen rief John seiner Frau zu: „Mama Paulo*, komm und hol dir dein Feuerholz aus dem Auto!"

Mit einem zufriedenen Lächeln auf dem Gesicht schaute sie das Holz durch die Scheibe an. Wir hatten ihr enorm viel Arbeit erspart und sie freute sich sehr darüber. Als Mama Paulo die Autotür öffnete, betrat ich gerade mein Haus. Doch ich kam nicht weit, da ertönte ein lauter Schrei. Rückwärts lief sie vom Auto weg und kreischte: „Wieso habt ihr denn eine Schlange mitgebracht?!"

Blitzschnell kamen alle wieder zum Auto gelaufen. Meine Praktikantin stand mit weit aufgerissenen Augen und offenem Mund hinter Mama Paulo und starrte wie hypnotisiert die Schlange an. Hatte sie vorhin nicht wirklich verstanden, warum ich das Holz lieber auf dem Dach haben wollte, war nun jede Erklärung überflüssig.

Die Männer luden vorsichtig die Äste aus und erschlugen die Schlange. Das Problem war gelöst. Doch meine

Massai-Krieger mit Hüten aus Löwenmähnen

Schirmakazien in Abendstimmung

Giraffen überqueren nicht selten die Hauptstraße nach Loliondo

Traditionelle Sonjo-Hütte

Startbereit für die mobilen Einsätze

Massai-Mädchen im Festtagsschmuck

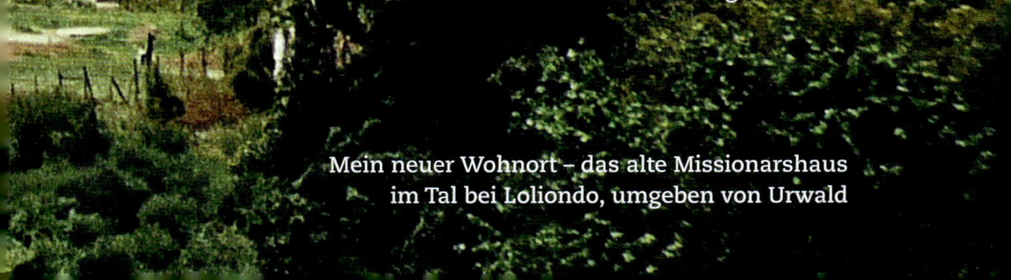

Mein neuer Wohnort – das alte Missionarshaus
im Tal bei Loliondo, umgeben von Urwald

Sonjo-Frau trägt Gras
zum Hausbau

Massai-Krieger

Dr. Isseme und OP-Schwester Sarah werden aus Mvumi für die OPs am Grauen Star eingeflogen

Festgefahren …

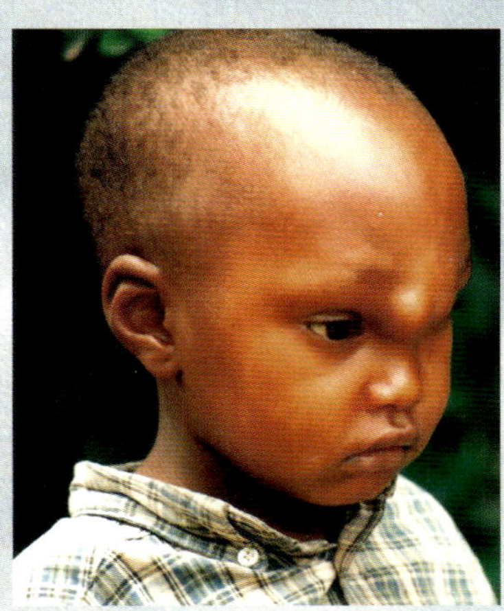

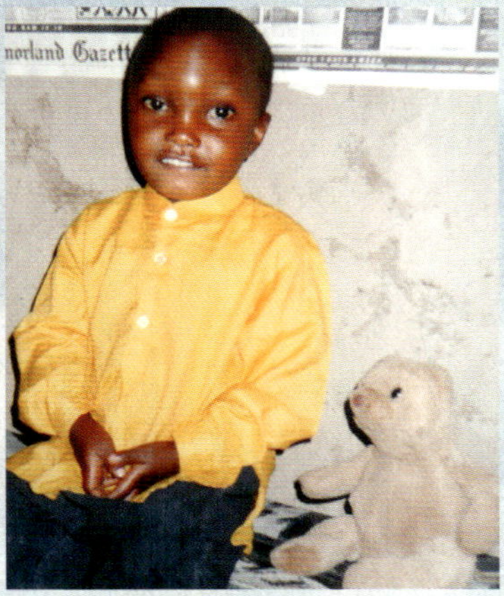

Noeli vor und nach der OP

Augenlidoperation am offenen Fenster im Klassenzimmer

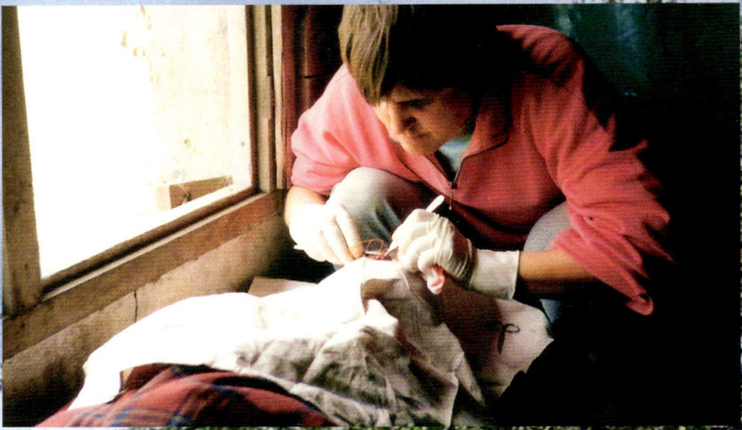

Oloip – wörtlich Schatten.
Das sind die Kirchen- und Klinikbäume bei den Massai

Massaikind – die Fliegen übertragen die blindmachende Augenkrankheit Trachom

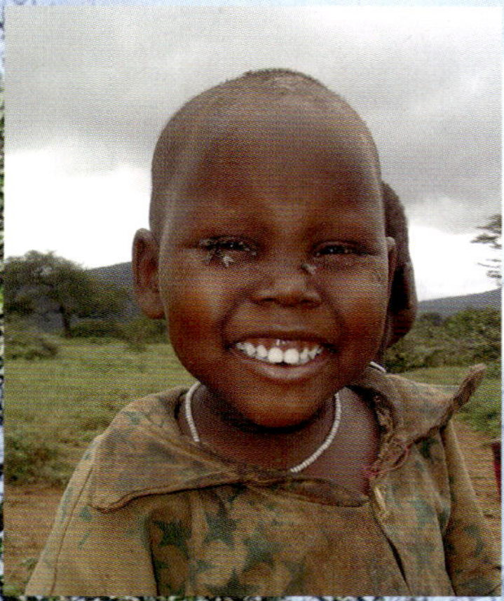

Sehtest in der Steppe, leider gab es hier keinen Klinikbaum

Feuerholzbeschaffung –
die harte Arbeit der Massai-Frauen

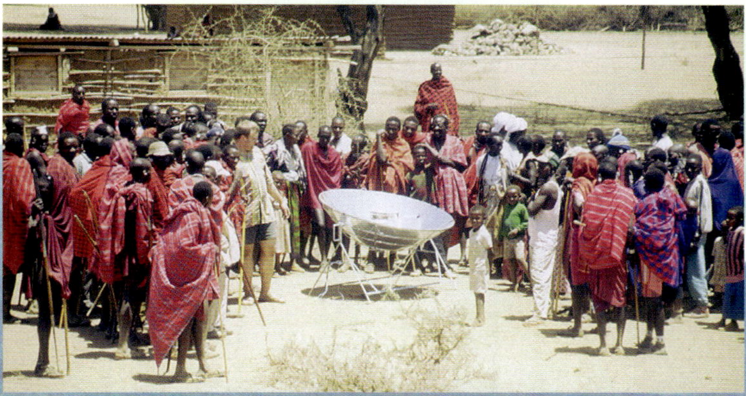

Solarkochervorstellung in Malambo

Unterwegs zur Augenklinik
im Ngorongoro-Hochland

Die Massaikinder liegen mir besonders am Herzen

Typische Massaibomas mit Flachdach
vor dem Oldonyo Lengai in der Regenzeit

Löwin auf den „Kopjes", wörtlich Köpfchen – den typischen Serengeti-Felsen

Praktikantin machte sich Gedanken, ob es wohl eine giftige Schlange gewesen war und was hätte alles passieren können. Und wer sie wohl samt Feuerholz ins Auto geladen hatte. Ich musste einfach darüber schmunzeln, dass wir eine Stunde lang mit einer lebendigen Schlange spazieren gefahren waren. Das arme Tier tat mir leid. Aber das Wichtigste war, dass keiner gebissen wurde.

Immer mehr Männer wagten sich aus Angst vor Aids nicht mehr zu den Prostituierten, ja selbst vor allen anderen erwachsenen Frauen scheuten sie sich. Sie suchten sich immer jüngere Sexualpartnerinnen. Junge Mädchen würden sie sicher nicht mit Aids anstecken, meinten sie.

Als ich hörte, dass sich die Lehrer einer Internatsschule im Busch an 10-jährigen Schulmädchen vergingen, fühlte ich mich verpflichtet, den wehrlosen Kindern zu helfen. John, der mich über diesen Missstand informiert hatte, wollte ebenfalls etwas dagegen tun. Sofort waren wir uns einig und fuhren in das Dorf. Die Lehrer waren unsere Freunde; ich kannte sie seit Jahren. Ich konnte mir gar nicht vorstellen, dass unter ihnen solche niederträchtigen Typen sein sollten.

Unterwegs quetschte ich meinen Kollegen aus: „John, wie schaffen es die Lehrer, sich an die Mädchen heranzumachen? Warum wehren die sich nicht?"

„Sie rufen sie in ihre Privathäuser und bitten sie, etwas für sie zu tun. Dann kriegen sie die Mädchen rum, indem sie ihnen Geschenke versprechen, mal einen Stift, mal ein Heft. Manche von den Mädchen fühlen sich sogar geehrt, wenn der Lehrer ihnen *besondere Aufmerksamkeit* schenkt."

Eine Aufklärung brauchten also sowohl Schüler als auch Lehrer ziemlich dringend. Die erste Aufklärungsstunde veranstalteten wir für alle Schüler ab der 4. Klasse. So kleine Kinder mit so einem harten Thema zu konfrontieren fiel mir nicht leicht. Aber bei dem freizügigen Umgang mit Sexualität hierzulande wäre alles andere wohl zu spät gekommen.

Die Kinder saßen eng gedrängt in den hölzernen Schulbänken. Fast alle trugen die landesüblichen blauen Schuluniformen. Aufmerksam schauten sie nach vorn zu John. Die Wand hinter ihm war zum großen Teil mit schwarzer Ölfarbe bemalt und diente als Tafel. Zunächst hielt John Gesundheitsunterricht über Aids. Langsam und deutlich beschrieb er alle Phasen einer HIV-Infektion und bediente sich der Tafel, um die wichtigsten Punkte niederzuschreiben.

Es war mucksmäuschenstill im Klassenraum. Die Kinder folgten Johns Ausführungen aufmerksam. Nach der Darstellung sämtlicher Fakten leitete er den zweiten Teil ein. Mit unglaublich großem Schauspieltalent führte er ganz allein ein Anspiel auf. Dabei nahm er zwei Rollen ein: die eines schüchternen Schulmädchens und die eines Lehrers. Als Lehrer bat er das Mädchen, nach dem Unterricht in sein Haus zu kommen, um ihm beim Hausputz zu helfen.

Eben noch das Mädchen beim Fegen spielend, schlüpfte er nun schnell wieder in die Lehrerrolle und sagte mit betont tiefer Stimme: „Du bist aber ein schönes Mädchen!“

Verlegen neigte John dann seinen Kopf zur Schulter und senkte ihn nach unten, wie es Schulmädchen in peinlichen Situationen zu tun pflegen. Die Schüler lachten sich kaputt. Sie identifizierten sich völlig mit der Vorstellung. Die Spannung stieg.

Ich wusste nicht, auf was ich zuerst schauen sollte, auf

Johns gelungene Vorstellung oder die begeisterten Schüler. Die tiefe Lehrerstimme fuhr fort: „Ich sehe, du hast ja überhaupt keine guten Anziehsachen. Ich kaufe dir ein neues Kleid, wenn du mitmachst!“

John streichelte mit einer Hand seine eigene Wange und sagte mit piepsiger Mädchenstimme: „Wirklich?“ Seine Gesten waren eindeutig. Alle wussten, der Lehrer würde kriegen, was er wollte.

Dann kam der zweite Durchgang. Wieder spielte John die gleiche Geschichte. Diesmal versuchte das Mädchen, sich aus der Affäre zu ziehen. Freundlich, aber bestimmt widersetzte sie sich den Annäherungsversuchen des Lehrers. Als es immer brenzliger für die Kleine wurde, brach John die Vorführung ab.

„Was meint ihr, wie kann sie aus dieser Situation herauskommen?“, fragte er die Schüler.

Gemeinsam kamen alle zu dem Ergebnis, dass sie die Hilfe ihrer Mitschüler brauchte. Immer gelöster versetzten sich die Schüler in verschiedene schwierige Situationen. Dann diskutierten sie, wie sie am besten damit umgehen konnten: Sollte wieder ein einzelnes Mädchen ins Lehrerhaus gerufen werden, würden die älteren Jungen ihr heimlich folgen und eingreifen.

Die darauffolgende Unterrichtsstunde für die Lehrer war mehr als notwendig. Bei der Frage, wie Aids übertragen wird, meldete sich ein älterer Mann und sagte: „Durch die Luft.“

Ich schaute gespannt zu John, während ich mir das Lachen verbiss. Seine kurze Antwort auf die Falschaussage lautete: „Gut.“

Dann bat er um weitere Beiträge. Anschließend fasste er alle korrekten Antworten zusammen und schrieb sie an die Tafel. Dabei ließ er sämtliche falschen Kommentare kurzerhand unter den Tisch fallen.

Im Stillen staunte ich über seine souveräne Art, mit dieser Sache umzugehen. Ich kannte es aus meiner Schulzeit nur so, dass falsche Antworten vom Lehrer sofort als solche entlarvt wurden. Hier aber hätten erwachsene Menschen auf diese Art ihr Gesicht verloren. Natürlich wären sie mir böse gewesen und ich hätte mit meinem Unterricht nicht viel erreicht. Wieder einmal war ich sehr dankbar für meinen einheimischen Kollegen.

Kapitel 7

Nicht eine Ziege für einen Solarkocher

Mit der Taschenlampe in der Hand leuchtete ich in das Loch der Schultoilette. Wie überall auf dem Land handelte es sich um eine typische Latrine, ein Plumpsklo ohne Sitz. Es schüttelte mich bei dem Bild, das sich mir bot. Weniger als einen halben Meter unter mir wimmelte es in den stinkenden Fäkalien nur so von Würmern. Die Luft noch immer anhaltend stürmte ich ins Freie. Meine Kleidung stank. Mir war schlecht.

Der Cholera, einer heftigen Durchfallerkrankung, fielen jedes Jahr viele Menschen zum Opfer. Sie breitete sich rasend aus. Da die Massai keine Toiletten benutzen, sammelten sich nach dem Regen die in den Fäkalien enthaltenen Erreger in Pfützen. Schöpften sie ihr Trinkwasser daraus, war es geschehen. Sie tranken das verseuchte Wasser und wurden krank. Der starke Durchfall führte unbehandelt oft in wenigen Stunden zum Tod.

Eine Änderung ihrer Gewohnheiten, sprich Latrinenbau und Benutzung, bei Erwachsenen zu erzielen war häufig eine Unmöglichkeit. Nach ihrer Tradition durfte niemand wissen, wo der Mann hinging, um sein Geschäft zu erledigen.

Bei Kindern versprach ich mir mehr Erfolg. Um die Verbreitung übler Krankheiten einzudämmen, lehrten John und ich an den Grundschulen die Grundbegriffe der Hygiene. Wenn es uns gelingen würde, die Schüler von der Wichtigkeit der Toilettenbenutzung zu überzeugen, könnten wir langfristig einen nachhaltigen Effekt in der Steppe erzielen.

Doch auf die vorhandenen Klos wäre ich selbst nicht gegangen. Hätten mich die Lehrer dazu gezwungen, würde ich sofort nach Beendigung meiner Schulzeit den Spuren meiner Eltern folgen und nie wieder freiwillig eine Latrine benutzen. Zu gut verstand ich die Ablehnung der Massai gegen eine solche Art von „Fortschritt“.

Was wir brauchten, waren positive Beispiele. Die Kinder mussten während ihrer Schulzeit Toiletten kennenlernen, die sie gern benutzten. Unzählige Gespräche mit Lehrern und Dorfräten verliefen mehr oder weniger im Sand. Es leuchtete mir ein: Die Lehrer selbst besaßen bei aller Einsicht nicht die Mittel und Möglichkeiten, neue Latrinen zu bauen. Bei der Dorfbevölkerung fanden sie keine Unterstützung. Auf dieser Ebene galt es also, Überzeugungsarbeit zu leisten.

Die Schulbehörde zeigte großes Interesse. Sie lieferten mir Fakten über 30 Schulen. Zu jeder Schule gaben sie die Schülerzahlen und den sich daraus ergebenden Bedarf an Toiletten an. Ich freute mich über die Offenheit einer Zusammenarbeit mit der zuständigen Regierungsstelle, aber leider sprengte ein so riesiges Projekt den Rahmen unserer momentanen Möglichkeiten. Um ein solches Projekt durchführen zu können, hätte ich alle anderen Tätigkeiten für ein bis zwei Jahre ruhen lassen müssen. Außerdem hätte ich zunächst eine Finanzierungsmöglichkeit suchen müssen.

„George*, wenn ich dir ein Plastikrohr und einen Moskitodraht schenke, baust du dann deine Latrine um?“, fragte ich unseren großzügigen Gastgeber in Malambo.

Neben seinem Haus zelteten John und ich jeden Monat eine Woche lang, um unsere Arbeit in der weiten Salei-Ebene zu tun. Es lag mir viel am Umbau der Toilette. Sie war praktisch unser Campingklo. Der unerträgliche Geruch brachte mich bei jedem Besuch fast zum Erbrechen.

George, ein moderner Massai, hörte sich aufmerksam meine Erklärungen an.

„Wenn du dieses Rohr so tief einlässt, dass es praktisch in das Loch der Latrine reicht, wird der obere Teil durch die Sonne erhitzt. Dadurch entwickelt sich ein Sog nach oben. Der Gestank und die krankheitsübertragenden Fliegen werden mit dem Sog nach oben ins Rohr gezogen. Da die Fliegen nicht gegen den Luftzug fliegen können und wir das Rohr mit dem Moskitodraht verschließen, sterben sie und fallen in die Kloake zurück. So erreichst du, dass dein Klo nicht mehr stinkt und sich durch die Fliegen keine Krankheiten mehr verbreiten können.“

George gefiel diese Idee. Im folgenden Monat brachte ich ihm das Rohr mit. Schnell baute er es ein. Ich war glücklich, nicht nur, weil ich nicht mehr auf das „stinkende“ Klo gehen musste, sondern vor allem, weil es nun das erste belüftete Plumpsklo in Malambo gab. Endlich existierte das erste positive Beispiel.

Der Erfolg ließ nicht lange auf sich warten. Wer das Klo besuchte, wollte wissen, warum der üble Geruch weg war. Der stolze Besitzer erklärte seine neue Errungenschaft gern. Langsam fingen einzelne Dorfbewohner an, ihre Toiletten ebenfalls nachzurüsten, nicht, weil sie überredet worden waren, sondern weil sie es selbst wollten. So stellte ich mir Entwicklungsarbeit vor.

Außer durch ihren tiefen, mehlfeinen Staub beeindruckte mich die Gegend um Malambo auch mit der fantastischen Weitsicht auf den *Oldonyo Lengai*. Auf dem kegelförmigen, 3.000 Meter hohen, aktiven Vulkan, so glauben viele Massai, lebt Gott. Tagtäglich fuhren John und ich in die *Bomas* der Umgebung und behandelten von früh bis spät Augenkranke.

Wenn wir abends staubig und müde in unser Quartier zurückkehrten, empfing mich Mama Baraka*, Georges Frau, mit warmem Wasser zum Waschen. Mit einer Schüssel Wasser, einer Tasse und meinem Waschzeug machte ich mich auf in die kleine, auf einem Zementfundament errichtete Lehmhütte, die als Badezimmer diente. Eine dünne, löchrige Wand trennte die Latrine vom Bad. Langsam goss ich mir mit der Tasse das warme Wasser über den Körper. Das war der totale Luxus, eine warme Dusche!

Nachdem ich den Schweiß und Staub eines langen Tages abgewaschen hatte, kam ich wie neugeboren heraus. Die Nachbarkinder warteten schon auf mich. Sie liebten es, mit mir zusammen zu singen. Ich brachte ihnen Swahili-Lieder bei und sie mir Lieder in der Massai-Sprache. Wer mehr Spaß daran hatte, die Kinder oder ich, war schwer zu sagen. In der afrikanischen Nacht unter dem Sternenhimmel fröhlich Gott zu loben war die beste Entspannungstherapie nach einem anstrengenden Arbeitstag.

Anschließend wartete Mama Baraka* schon mit einem Abendessen auf mich. An Ziegensuppe und Reis hatte ich mich längst gewöhnt. Satt, müde und zufrieden legte ich mich dann ins Zelt schlafen.

„Sammelst du diese Federn zur Herstellung von Giftpfeilen für den Kampf gegen die Massai?", fragte ich den Sonjo-Mann, der ein riesiges Bündel langer Federn in der Hand hatte. Pfeil und Bogen verrieten, dass er soeben von der Vogeljagd kam.

„Nein, für Jagdpfeile. Ich schieße nicht auf Massai!"

John glaubte ihm nicht, und ich auch nicht so recht. Vom Hörensagen wusste ich, zwischen den Sonjo und den Massai herrschte Krieg. Sie stritten sich um Land und Wassernutzungsrechte. In letzter Zeit waren 10 Menschen beider Seiten durch Giftpfeile und Speere umgekommen. Jetzt traute sich niemand mehr durch „feindliches" Territorium. Die Massai baten mich um Mitfahrgelegenheiten, wenn ihr Weg sie durchs Sonjo-Gebiet führte. Die Sonjo wollten mit mir durch die Massai-Steppe fahren. Ihre Angst verstehend half ich beiden Seiten. In meinem Auto war Frieden. Nicht selten reisten verfeindete Sonjo und Massai gemeinsam bei mir mit.

„Bitte nimm mich mit deinem Auto mit. Zu Fuß komme ich nicht lebend zu Hause an", bat ein junger Sonjo.

Das Auto war schon übervoll. Aber da mir der Ernst der Lage bewusst war, bot ich ihm an, auf dem Dachgepäckträger mitzufahren.

„Jetzt nehme ich aber niemanden mehr mit!", nahm ich mir vor. Zu dritt saßen wir vorn, in der Mitte quetschten sie sich schon zu fünft auf dem Sitz, der hintere Teil war bis unter die Decke mit Gepäck gefüllt, und auf dem Dach duckte sich der junge Sonjo bei jedem Dornenbaum. Fast alle Mitreisenden waren Kranke, die unbedingt nach Wasso ins Krankenhaus mussten.

Das kleine Mädchen mit ihrem Knie, das wie ein Luftballon aufgebläht war, weinte leise vor sich hin. Nur bei größeren Buckeln stöhnte sie vor Schmerz auf. Neben ihr saß die junge Massai-Frau mit ihren zu früh geborenen

Zwillingen, von denen jedes unter 1.800 Gramm wog. Die Frau glich einem Skelett und hatte dazu hohes Fieber.

Ihr Vater, der *Loibon* – der taditionelle Heiler –, hatte mir seine Tochter anvertraut, weil er am Ende seiner Heilkunst angekommen war. Sein Vertrauen ehrte mich, aber würde die junge Frau überleben? Und wie war es um die Frühchen bestellt? Die Frau neben ihr hielt ihr 6 Monate altes Baby auf dem Arm. Ihr Mann hatte nach Massai-Manier das etwa mandarinengroße Geschwür auf der Schulter des Kleinen mit seiner Machete abschneiden wollen. Die Mutter hatte mich daher angefleht, ins Krankenhaus mitgenommen zu werden, um ihr Kind vor dieser Therapie zu bewahren. Obwohl das Auto wieder einmal viel zu voll geworden war, hatte ich doch keinem meiner Mitfahrer absagen können. Mit entsprechender Vorsicht steuerte ich den Landcruiser die schlechten Wege entlang.

Da sah ich plötzlich zwei Massai-Männer, deren rote Tücher sich von Weitem von der trockenen Landschaft abhoben. Beide winkten mir heftig zu. Einer von ihnen humpelte am Stock durch die dornige Steppe, und sein Begleiter rannte auf mein Auto zu. Inständig bat er mich um eine Mitfahrgelegenheit für seinen Freund. Mit einem gebrochenen Fuß hatte sich der Verletzte auf den langen Fußmarsch Richtung Krankenhaus begeben. Es lagen noch fast 80 Kilometer und steile Berge vor ihm.

„Steig ein, wir bringen dich ins Krankenhaus“, lud ich den Verletzten ein. Die anderen rückten noch näher zusammen und nahmen den Mann auf den Schoß. Ohne zu klagen ertrugen sie die 3 Stunden Schüttelfahrt, bis wir endlich am Krankenhaus ankamen.

„Wen bringst du uns denn heute?“ Mit dieser Frage begrüßte mich der diensthabende Arzt. Inzwischen wussten sie im Krankenhaus schon, dass ich häufig ein Auto voller

Patienten aus dem Busch zu ihnen brachte. Froh, ein Krankenhaus zu haben, lieferte ich meine Patienten ab.

In den folgenden Tagen besuchte ich mehrmals die Leute aus Malambo im Wasso-Hospital. Alle wurden gesund, sogar die Frühgeborenen überlebten. Gern gab ich die aktuellen Informationen per Funk nach Malambo weiter, wo die Verwandten schon auf Nachricht warteten.

Wenige Wochen später löste sich auch der Konflikt zwischen den Sonjo und den Massai. Dem neuen Mann in der Lokalregierung gelang eine Schlichtung. Die Menschen beider Seiten freuten sich über die Lösung und genossen den Frieden.

„Solarkocher! Das ist die Alternative zum Feuerholz", dachten sich einige findige Köpfe in Deutschland. Um gegen die fortwährende Abholzung anzukämpfen, wollten sie den Leuten in Afrika die Idee näherbringen, Sonnenenergie statt Feuerholz zu nutzen. Denn bei dem jetzigen Tempo, in dem Bäume gefällt wurden, würde es in 40 Jahren keinen einzigen Baum mehr in Tansania geben. Ganze kahle Landstriche zeugten bereits von dem Raubbau. Der wachsenden Bevölkerung stand immer weniger nutzbares Land zur Verfügung.

Vier engagierte Besucher brachten einige wie Satellitenschüsseln aussehende Solarkocher mit. Gemeinsam bauten wir die Kocher auf. Nach ihrer Abreise sollte es meine Aufgabe sein zu bewerten, ob nach einer Testphase eine kommerzielle Verbreitung dieser Kocher in der Massai-Steppe sinnvoll schien.

In Malambo gab es eine christliche Massai-Frauengruppe.

Dank ihres Glaubens waren diese Frauen mutig aus dem traditionellen Gefüge, in dem aller Besitz den Männern gehörte, herausgetreten und betrieben bereits erfolgreich eine Maismühle. Der erwirtschaftete Gewinn kam den Frauen zugute, die damit ihre Kinder besser ernähren und versorgen konnten. Genau diese Gruppe erhielt den ersten Kocher.

Zusammen mit den Gästen führten wir den Gebrauch auf dem Marktplatz vor. Schiere Begeisterung packte die Leute, als ein trockenes Stück Holz nach wenigen Sekunden auf dem Solarkocher Feuer fing. Zehn Minuten reichten aus, um einen Liter Wasser zum Kochen zu bringen.

Die Massai-Frauen beschlossen, jeweils am monatlichen Markttag Tee mit dem neuen Utensil zu kochen. Die Handhabung beherrschten sie schnell, und der Erlös sollte in ihre Gruppenkasse gehen.

Meine Gäste und ich reisten mit einem weiteren Solarkocher nach Embukeni bei Arash. Hinter einer Kurve sahen wir vor uns auf dem Weg fünf Frauen, schwer beladen mit Feuerholz. Tief gebeugt trugen sie ihre Last auf dem Rücken. Der Lederriemen, der das Bündel Holz hielt, drückte tief in ihre Stirn. Das konnte ich mir nicht mit ansehen. Spontan stoppte ich.

„Hallo, alle zusammen! Wollt ihr mitfahren?“, rief ich durchs offene Fenster.

„Ja, aber wir können doch nicht unser Feuerholz zurücklassen!“

„Das nehmen wir auf dem Dach mit“, bot ich an.

Schnell kletterte ich hoch und nahm die riesigen Bündel Holz entgegen. Nur mit ganzem Krafteinsatz gelang es mir, sie hochzuziehen. Niemals hätte ich es geschafft, diese Last auch nur einen halben Kilometer weit zu tragen. Wieder einmal neu wurde mir bewusst, wie hart die Massai-Frauen arbeiteten. Freudig reichten mir die starken Frauen ein Holzbündel nach dem anderen und stiegen dann ein. Augenblicklich erfüllte der typische *Boma*-Geruch unser Auto.

„Wonach riechen diese Frauen so stark?“, fragte mich ein Gast.

„Das ist Rauch und Kuhdung“, entgegnete ich und fuhr fort: „Ihre Hütten sind aus einem Lehm-Kuhdung-Gemisch gebaut. Sie haben keine Fenster und deshalb zieht der Rauchgeruch in ihre Kleidung.“

Eine Frau blieb allein vor dem Auto stehen.

„Kommst du nicht mit?“, wollte ich von ihr wissen.

„Mir reicht es, wenn du mein Holz transportierst. Ich traue mich nicht, im Auto mitzufahren. Da steige ich nicht ein, das habe ich noch nie getan.“

Alle Überredungsversuche von mir und ihren Freundinnen scheiterten. Lieber ging sie zu Fuß die wenigen Kilometer bis nach Hause, als in den Wagen einzusteigen, der ihr nicht geheuer war.

Im *Boma* angekommen warf ich das Holz von Dach.

„Danke, du hast uns sehr geholfen!“, freuten sich die Besitzerinnen.

Wie üblich umringte uns in wenigen Minuten das ganze Dorf. Während meine Besucher den in Einzelteilen transportierten Solarkocher wie ein Puzzle zusammenbauten, provozierte ich die Männer: „Wenn ihr weiter so die Bäume abholzt, wird es euch bald gehen wie den Leuten in Malambo. Früher hatten sie nur zwei Monate, in denen es extrem staubte. Aber heute sind es 6 bis 8 Monate. Ihr wisst doch, wie schlimm es da aussieht.“

„Nein, das passiert uns nicht! Wir haben noch so viele Bäume hier“, konterten sie selbstbewusst.

Ich ließ meinen Blick in die Runde schweifen. Weit und breit um dieses *Boma* herum sahen alle Bäume wie Krüppel aus. Nur noch Baumstümpfe ragten in die Landschaft, sämtliche Äste waren längst verfeuert. Mit Nachdruck sprach ich über den Zusammenhang von Abholzung und dem Ausbleiben der Regenzeit, erklärte mit krassen Beispielen sämtliche Konsequenzen und erreichte es damit immerhin, die Leute zu verunsichern. Diese Nachdenklichkeit gefiel mir, denn es lag mir fern, den Menschen hier etwas überzustülpen, was sie nicht wollten. Nein, sie sollten sich selbst Gedanken machen und dann entscheiden, was sie wollten.

Endlich war die Montage der Schüssel geschafft. Gespannt wurden die Besucher beim Aufstellen beobachtet. Ein Stück Reisig flammte sofort auf, als ich es in den Brennpunkt hielt. „Ah!“- und „Oh!“-Rufe machten die Runde. In wenigen Minuten kochten wir einen kleinen Topf Tee. Wer wollte, probierte. Das Eis war gebrochen, die erste Neugier befriedigt.

„Ihr Frauen!“, wendete ich mich denen zu, die mit uns mitgefahren waren. „Möchtet ihr lieber in den Wald laufen, Holz schlagen und es hertragen, um dann kochen zu können, oder würde es euch gefallen, einen solchen Solarkocher zu benutzen?“

„Feuerholz holen ist harte Arbeit, Schwester!“, riefen sie.

Da meldeten sich die Männer lachend zu Wort: „Stellt euch nicht so an, ihr Frauen. Das ist doch keine schwere Arbeit. Das Holz kostet uns nichts, ein solches Gerät müssten wir bezahlen.“

„Du da!“ Ich zeigte auf den Wortführer. „Nimm das Bündel Holz und zeig mir, wie leicht die Arbeit ist!“

Nach kurzer Debatte hatte ich ihn soweit. So schnell, wie er das Holz hochnahm, ließ er es wieder fallen, ohne es auch nur ein Stück weit von der Stelle tragen zu können. Alle lachten.

„In dem Punkt hast du uns überzeugt, Sister. Aber was

kostet denn so ein Solarkocher?“, beteiligte sich ein anderer an dem Gespräch.

„Fünfzigtausend Schilling.“

„Dann sollen unsere Frauen diese Arbeit weitermachen! Ich verkaufe doch nicht vier Ziegen für etwas, was ich umsonst haben kann!“, sagte einer stellvertretend für alle.

Letztlich einigten wir uns darauf, einen Solarkocher zum Ausprobieren bei einer Familie hier in Embukeni zu lassen. Anfänglich rissen sich alle Frauen darum, den Kocher zu bekommen. Aber als die Bedingungen der kostenlosen Erprobungsphase erläutert wurden, kristallisierte sich eine Familie heraus. Der Sohn besuchte die Schule und konnte lesen und schreiben. Ihm erteilte ich die Aufgabe, jeden Gebrauch des Kochers zu notieren. Sorgfältig schrieb er nach Datum sortiert auf, was und wie viel gekocht wurde. An Tagen, an denen der Kocher nicht benutzt wurde, gab er die Gründe dafür an. Gewissenhaft führte der junge Mann seine Aufgabe über einen Zeitraum von zwei Jahren aus.

Monate später freute ich mich beim Lesen des Heftes: Fast täglich war der Kocher im Einsatz gewesen! Doch dann benutzte ihn bei strahlendem Sonnenwetter plötzlich niemand mehr.

„Warum habt ihr den Solarkocher denn nicht mehr benutzt?“, erkundigte ich mich.

„Ach, weißt du, Sister, es ist Hungersnot. Die Leute haben alle sehr wenig zu essen. Würden wir hier draußen kochen, müssten wir mit allen teilen, die vorbeikommen. Das gebietet unsere Kultur. Alles, was öffentlich gekocht wird, muss geteilt werden.“

Der langen Trockenzeit mit Hungersnot folgte der El-Niño-Regen. Acht Monate Dauerregen verhinderten die Nutzung von Sonnenenergie. Als die Sonne wiederkam, war der Hunger noch viel größer. Weit über ein Jahr lang konnte der Solarkocher nicht eingesetzt werden.

Dazu erwies sich das Sauberhalten der Alumiumspiegel, die die Sonnenstrahlen bündelten, als äußerst problematisch. Eingebrannte Milch und klebriger Staub wollten sich nicht entfernen lassen ohne Kratzer zu hinterlassen, durch die der Kocher mit der Zeit unbrauchbar wurde.

Selbst als der Kocher zur besten Zeit im Einsatz war, nutzten die Leute ihn nicht für ihre Hauptmahlzeit. Denn gegessen wird nach Sonnenuntergang, wenn die Arbeit erledigt – und die Sonne untergegangen ist. Vorausplanen ist in Tansania ein total unbekanntes Konzept und funktioniert trotz ausgiebiger Erklärungen nicht.

Einen Solarkocher probierte ich auch selbst aus. Zum Wasser, Milch und Kartoffeln kochen nutzte ich ihn gern. Aber andere Gerichte, bei denen ich öfters unter den Topfdeckel gucken musste, waren damit nicht gut zu kochen. Das extrem helle Licht der gebündelten, intensiven Sonnenstrahlen tat mir trotz Sonnenbrille in den Augen weh. Nur zu gut verstand ich die Beschwerden der Einheimischen darüber. Zudem sah ich eine Gefahr für Neugierige, die erblinden könnten, wenn sie in den Brennpunkt schauten. Zwar hatte ich darüber aufgeklärt, aber ob sich alle daran hielten?

So sehr mir das Solarkocherprojekt gefiel, nach der Testphase musste ich einen niederschmetternden Bericht verfassen. Ehrlich berichtete ich über meine Erfahrungen: Die Dorfbevölkerung war zu diesem Zeitpunkt mit dem Gebrauch von Solarkochern überfordert. Noch war auch nicht genügend Umweltbewusstsein vorhanden. Die Männer hätten nicht eine Ziege verkauft, um ihren Frauen die schwere Arbeit zu erleichtern.

Meine Schlussfolgerung lautete, dass gebildete Menschen in Tansania eine gute Zielgruppe für den Gebrauch und Vertrieb von Solarkochern sein könnten. Sie besaßen die Fähigkeit vorauszudenken. Einige meiner Besucher aus Loliondo rechneten sich sogar aus, wie hoch der Anschaffungspreis des Kochers im Vergleich zu den üblichen Brennstoffen wie Holzkohle und Petroleum war. Ihr Ergebnis lautete: In weniger als einem Jahr würden sie so viel Geld für Brennstoffe ausgeben, wie die Anschaffung eines Solarkochers kostete. Sprich, schon in einem überschaubaren Zeitraum würde das Gerät ihnen helfen, die täglichen Lebenshaltungskosten zu senken.

Nach einer erfolgreichen Testphase sollte der nächste Schritt die Produktion von Solarkochern in Tansania sein. Trotz meines negativen Berichts waren in anderen Gegenden genügend Erfolge zu verzeichnen, und schon im darauffolgenden Jahr wurden tatsächlich Solarkocher in Tansania produziert.

Wasserprojekte sind der Renner in Tansania. In meinem Einsatzgebiet mussten die Frauen in der Regenzeit bis zu 6 Kilometer weit laufen, um Wasser zu holen. In der Trockenzeit in einem besonders trockenen Jahr mussten sie 30 Kilometer einfache Wegstrecke für das flüssige Gold auf sich nehmen. Das Gleiche galt für die Männer, die diese weiten Strecken mit den Kuhherden zurücklegen mussten.

„Sister, kannst du uns nicht helfen? Wir brauchen unbedingt Wasser hier in unserem Dorf", bat mich ein Dorfältester aus der Nähe von Soit Sambu.

„Wenn ihr ein Wasserprojekt haben wollt, helfe ich euch gern. Aber es ist euer Projekt und ich assistiere nur. Ich kann Kontakte herstellen und Fachleute holen, die euch beraten, aber Geld habe ich nicht", stellte ich klar.

„Damit hilfst du uns genug. Geld können wir durch den Verkauf von Kühen selber aufbringen."

Die Aktion begann also. Ein Wasserfachmann der lokalen Regierung erklärte sich bereit, mit mir ins Dorf zu fahren. Gemeinsam mit den Ältesten fuhren wir drei mögliche Stellen ab, um den richtigen Ort für ein Regenwasserauffangbecken zu finden. Die Dorfbewohner einigten sich mit dem Fachmann darauf, wo das Projekt umgesetzt werden sollte.

Da ich nicht über genügend Fachkenntnisse verfügte, bat ich Werner, sich um das Regenwasserauffangbecken zu kümmern. Der österreichische Entwicklungshelfer lebte in Arusha und arbeitete im Ngorongoro-Distrikt. Wasserprojekte waren sein Spezialgebiet.

„Christine, ich kann das Projekt gern übernehmen. Aber die Leute müssen ein Viertel der Kosten selbst tragen", erklärte er mir.

„Das dürfte keine Schwierigkeiten machen. Am besten, du besprichst alles mit ihnen selbst", schlug ich vor.

Gesagt, getan. Aber mein Vertrauen in die Dorfbevölkerung wurde enttäuscht. Mit meiner zuversichtlichen Äußerung Werner gegenüber lag ich voll daneben. Immer wieder redeten sie über ihr Wasserprojekt, doch das Geld sammelten sie nie ein. Das eigens dafür eingerichtete Konto blieb leer. Werner machte sich unglaublich viel Mühe, aber das Projekt scheiterte letztlich am gebrochenen Versprechen der Dörfler.

„Es tut mir leid, aber das Dorf, das du mir für das Wasserprojekt empfohlen hast, zahlt seinen Beitrag nicht. Ich kann sie deshalb nicht weiter berücksichtigen", teilte Werner mir schließlich mit.

„Das ist echt traurig. Aber ich verstehe dich nur zu gut. Wenn sie schon jetzt nicht halten, was sie versprechen, wird es hinterher mit der Pflege der Wasserstelle auch nichts", mutmaßte ich.

Alle meine Versuche, das Projekt doch noch zu retten, schlugen fehl. Aus mir unverständlichen Gründen scheiterte die Sache am Geldeinsammeln. Schweren Herzens akzeptierte ich, dass die Dorfbewohner ihre Chance dieses Mal verpasst hatten. Auf keinen Fall jedoch wollte ich von meinem Grundsatz abrücken, die Entscheidungen der Menschen zu respektieren, egal welche Meinung ich dazu hatte.

Zu einem späteren Zeitpunkt erfuhr ich, dass dieses Dorf schon einmal ein Wasserprojekt in Angriff genommen hatte. Die Massai-Bevölkerung war damals überaus spendenfreudig gewesen. Als der nötige Betrag zusammengekommen war, hatte sich der von ihnen gewählte Finanzverwalter mit dem ganzen Geld abgesetzt. Die Leute bekamen kein Wasser, und ihr Geld war weg. Kein Wunder, dass ihr gegenseitiges Misstrauen dieses neue Projekt behinderte.

Norkironkop heißt meine Freundin aus Olobo. Wie alle Massai-Frauen baute sie ihr eigenes Haus, denn Hausbau ist Frauensache in der Massai-Steppe. Geschickt stellen die Frauen ein Geflecht aus Stöcken her, das mit einem Gemisch aus Kuhdung und Lehm verputzt wird. Die *Bomas*, die typischen Massai-Hütten, sind oval und haben ein Flachdach. In Norkironkops Dorf lebten alle in solchen traditionellen Hütten.

„Sister, kannst du uns nicht helfen, regendichte Dächer zu bauen?“, baten einige Frauen mich.

„Warum wollt ihr andere Häuser bauen?“, erkundigte ich mich interessiert.

„Siehst du diese Hütte? Eines Nachts tropfte der Regen

durch das Dach auf den schlafenden Mann. Das passiert öfter in der Regenzeit. Seine Frau war schwanger und musste noch in der Nacht aufs Dach steigen. Während sie das Loch flickte, rutschte sie aus und stürzte ab. Sie verlor ihr Kind. Jetzt wollen wir lernen, Dächer zu bauen, die regendicht sind, damit so etwas in unserem Dorf nicht wieder passiert."

„Das verstehe ich. Ich werde sehen, was ich tun kann", sicherte ich ihnen zu.

Gemeinsam mit John dachte ich die Sache durch. Einer Frau zu helfen, ein solides Haus mit Grasdach zu bauen, würde als Beispiel genügen. Norkironkop zeichnete sich durch ihr Engagement für ihr Dorf aus. Selbstbewusst und wortgewandt hatte sie sich seit Jahren in der Mutter-Kind-Klinik eingesetzt. Wann immer sie von dem mobilen Impfteam aus Wasso gebraucht wurde, war sie zur Stelle. Begeistert stimmte sie zu, ein neues Haus zu bauen.

„Warum helft ihr dieser Frau, ein neues Haus zu bauen, und nicht mir?", ereiferte sich wenig später der Dorfchef.

„Weil sie sich sehr für euch alle eingesetzt hat", antwortete ich kurz.

„Mir gebührt es aber, das erste neue Haus im Dorf zu haben!" Stolz zeigte er auf sich selbst.

„Entweder helfe ich ihr oder keinem. Du bist reich genug und kannst es dir leisten, jemanden einzustellen, der dir ein anderes Haus baut, wenn du es wirklich möchtest", konterte ich schonungslos.

Zu Beginn meiner Zeit in Tansania hätte ich es nicht gewagt, so zu reden. Aber genauso knallhart, wie mir die Massai die Wahrheit ins Gesicht sagten, machte ich es jetzt mit ihnen.

Der *Mzee* – der alte Mann – verzog sein Gesicht langsam zu einem breiten Lächeln. Sein Kopfnicken verriet mir, dass meine Aussage ins Schwarze getroffen hatte.

„Na gut, dann hilf eben ihr“, willigte er ein.

„Danke, ich wusste, du bist ein guter Dorfchef und verstehst mich!“, sagte ich dem *Mzee* und besiegelte die Angelegenheit mit einem Handschlag.

Ohne seine Zustimmung hätte ich im Dorf heftige Konflikte verursacht und vielleicht mehr geschadet als geholfen. Aber nun war die Lage klar und das Hausbauprojekt konnte starten.

Norkironkop und ich vereinbarten die Details. Sie sollte das Haus mit Hilfe der anderen Frauen in Eigenleistung bauen. Dabei konnten alle Beteiligten die neue Bauweise erlernen. Am Haus selbst sollten entgegen der Massai-Tradition Fenster mit eingebaut werden. Die alten Hütten besaßen nur winzig kleine Löcher für den Rauchabzug und den Lichteinlass. Auch bat ich darum, dass die Leute nicht mehr mit kleinen Ziegen und Kälbern zusammen wohnen sollten. Denn die Zecken und Flöhe der Tiere machten ihre Besitzer krank. Zu meiner Freude stimmten die Nachbarinnen zu, Norkironkop zur Seite zu stehen und mit Hand anzulegen. Sie wollten sofort anfangen, das benötigte Holz und Gras zu sammeln.

Doch Monate später war absolut nichts geschehen. Stattdessen stritten sich die Frauen untereinander. Keine gönnte es der anderen, die Erste zu sein, die ein neues Haus bekam.

„Wenn ihr nicht lernt, zusammenzuhalten und einander zu helfen, werdet ihr nie weiterkommen!“, platzte ich heraus.

Daraufhin redeten sieben Massai-Frauen gleichzeitig auf mich ein. Das Palaver kostete Nerven. Aber eine Stunde später fanden wir einen Konsens. Alle sicherten sich gegenseitig Hilfe zu, wann immer ein neues Haus gebaut werden würde. Als Erstes wollten sie Norkironkops Haus in Angriff nehmen.

Mit einem zugewanderten *Fundi*, einem Handwerker aus dem Dorf Wasso, kreuzte ich das nächste Mal in Olobo auf. Wie immer kamen die Leute auf uns zu, um uns zu begrüßen.

Als ich den *Fundi* vorstellte, sah mich die junge Massai-Frau an und fragte: „Warum willst du, dass wir Häuser bauen wie die Leute von anderen Stämmen? Nein, das wollen wir nicht!"

Damit war dieser Auftrag für den Handwerker geplatzt. Massai sind Massai und wollen auf keinen Fall so sein wie die anderen. So schwer es mir die Arbeit in diesem Fall auch machte, aber genau das imponierte mir an ihnen.

Diese Volksgruppe hatte über Jahrhunderte ihre Identität bewahrt. Was ihnen sinnvoll schien, zum Beispiel Armbanduhren, Radios, Blechtassen oder Plastikkanister, integrierten sie in ihre traditionelle Lebensweise. Aber über alle Neuerungen der Zeit hinweg wollten sie vor allen Dingen eins: Massai bleiben. Ihr starkes Bewusstsein ihrer Identität macht sie einzigartig. Studierte Leute unter ihnen hängten ihre Karriere für die traditionelle Lebensweise an den Nagel.

Nie werde ich den Rechtsanwalt vergessen, den ich bei einem *Boma* antraf, gekleidet in rote *Shukas*, die traditionellen Tücher. Im Schatten einer Schirmakazie saß er auf seinem *Olorika*, dem kleinen, selbst geschnitzten Holzschemel, und erzählte mir: „Weißt du, ich habe studiert und über zwanzig Jahre in Nairobi gelebt. Dort hatte ich eine gut gehende Kanzlei und eine schöne Stadtwohnung. Aber eines Tages fragte ich mich: ‚Was machst du hier eigentlich? Hier gehörst du gar nicht hin. Du bist doch ein Massai!' Da ging ich zurück in mein Dorf und gab das moderne Leben auf. Und ich sage dir, ich habe meine Entscheidung noch nicht einen Tag bereut."

„Was gefällt dir denn hier in der Steppe so gut?“, fragte ich nach.

„Schau dich um!“, forderte mich der Mann auf. „Siehst du diese endlose Weite? Die Hügel, die Bäume, die Tiere? Hörst du den Wind? Spürst du die Sonne auf deinem Gesicht? Diese Freiheit und Ruhe findest du in der Stadt nicht. Hier kann ich aufatmen und sein, wer ich wirklich bin – eben ein Massai.“

Plötzlich fiel mir ein Massai-Dorf ein, in dem ich Grasdächer gesehen hatte. Ng'aruwa lag zwar weiter weg von Olobo als Wasso, aber für einen Massai waren 20 Kilometer nur einen Fußmarsch weit entfernt.

„Hallo, ich habe gehört, ihr baut eure Grasdächer hier selbst“, grüßte ich einen vorbeilaufenden Mann bei meinem nächsten Besuch in Ng'aruwa.

„Ja“, nickte er stolz, „ich bin hier der Spezialist in Sachen Dächerbauen!“

„Warum baut ihr hier andere Dächer als bei den Massai üblich?“, wollte ich wissen.

„Grasdächer lassen kein Wasser durch in der Regenzeit. Außerdem zieht der Rauch besser ab und uns tränen die Augen dann nicht so stark.“

„Das ist ja toll! Wollt ihr, dass Massai in anderen Dörfern auch von eurer Errungenschaft profitieren?“, fragte ich weiter.

„Ee!“ (Das heißt Ja.)

„Gut! In Olobo weiß noch niemand, wie der Bau einer Hütte mit Grasdach geht. Norkironkop braucht deine Hilfe dabei“, fuhr ich fort.

„Was zahlst du mir dafür?“, fragte der Mann namens Saruni* mich unverblümt.

„Genau das habe ich erwartet. Erst sagst du mir, du bist für positive Veränderungen in der Massai-Steppe, aber dann willst du deinen eigenen Leuten nur gegen Geld helfen. Warum erwartet ihr eigentlich, dass wir Weißen euch immer umsonst helfen? Ist es nicht an der Zeit, dass ihr euch gegenseitig helft, um eure Lebensumstände zu verbessern? Wie wollt ihr jemals weiterkommen, wenn ihr nur auf die Hilfe von Ausländern baut?“, forderte ich den jungen Mann heraus.

„Sister, das stimmt. Ich habe bis jetzt noch nie darüber nachgedacht. Ja, ich möchte Norkironkop gerne helfen. Aber kannst du mir nicht ein bisschen Geld für diese Arbeit geben? Ich habe eine Frau und Kinder zu versorgen und kann in der Zeit, in der ich in Olobo baue, nichts anderes tun“, lenkte er ein.

Wir handelten ein niedriges Gehalt aus. Das entsprach eher einem Dankeschön als einer Bezahlung. Saruni war damit zufrieden, und mir war bei unserem Hausbauprojekt richtig geholfen.

Als das Grundgerüst der neuen Hütte stand, sammelten die Frauen das lange Gras für das Dach. Sie stapelten es innerhalb der neuen Hütte. Bald hatte sich eine beträchtliche Menge angesammelt. Aber gerade, als genügend Gras zum Dachbau zusammengekommen war, fiel eine hungrige Kuhherde darüber her. Der kümmerliche Rest reichte nicht, und es gab nicht mehr genug Gras, um neues zu sammeln. Ohne Dach konnten die Wände nicht mit dem Lehm-Kuhdung-Gemisch verputzt werden. Sie wären beim nächsten Regen zerstört worden. Wieder stand das Hausbauprojekt still.

Zuversichtlich sagte Norkironkop zu mir: „Wir müssen auf den nächsten Regen in sechs Monaten warten. Wenn das Gras wieder lang genug gewachsen ist, fangen wir nochmal von vorne an."

Langsam ging meine Geduld zu Ende. Über zwei Jahre planten wir nun schon diesen Hausbau, aber bis auf ein simples Holzgestell gab es noch keine Ergebnisse.

Schließlich, nach drei Jahren, stand Norkironkops Hütte fertig vor mir. Alles von A bis Z hatten sie mit Sarunis Hilfe allein geschafft. Ja, es hatte lange gedauert, aber nun zeigten mir meine Massai-Freunde stolz, was sie geschafft hatten.

Absolut platt war ich allerdings bei meinem nächsten Besuch in Olobo. Ich kletterte aufs Autodach, um besser sehen zu können: Vor mir stand ein brandneues Dorf! Jede Frau hatte ein neues Haus gebaut. Ein innerer Schutzwall aus dornigen Ästen bildete ein Gehege für das Vieh, und ein äußerer schützte die Hütten vor wilden Tieren. So konnte jedes Haus erreicht werden, ohne dass man durch knöcheltiefen Kuhmist waten musste. Vorher waren die Tiere überall herumgelaufen. Besonders in der Regenzeit waren Besuche eine matschige Angelegenheit. Über diese Änderungen hatten wir noch nicht einmal gesprochen; die Leute hatten sich selbst überlegt, dass es so besser war.

„Wie habt ihr das nur geschafft?", fragte ich die herbeigeströmten Massai.

„Wir haben uns alle gegenseitig geholfen, sogar wir Männer haben mitgearbeitet!"

Schon nahm mich einer der Männer an die Hand und führte mich von einem Haus zum anderen. Ich kam nicht umhin, jedes Einzelne zu betreten und genau erklärt zu bekommen, warum es wie gebaut worden war.

„Siehst du, hier oben haben wir Speicherplatz für unsere Maisvorräte. Und ist es nicht schön, in unseren neuen Häusern können wir aufrecht stehen!?"

„Ja, das gefällt mir gut. Die Luft ist auch viel besser hier als in den alten Hütten. Aber wofür habt ihr den großen Raum im Eingangsbereich gebaut?", erkundigte ich mich.

„Für die Kinder unserer Ziegen und Kühe", lautete die Antwort.

„Ich dachte, ihr wolltet nicht mehr mit den Tieren in der gleichen Hütte wohnen?"

„Das sind doch nur die Kleinen. Sie bedürfen der besonderen Fürsorge. Wir können sie nicht allein lassen."

„Und wie wehrt ihr euch gegen die Flöhe und Zecken, die sie mit reinbringen?", fragte ich weiter.

Die Frau des Hauses zückte eine Sprühdose *Doom*, ein Insektenvernichtungsmittel, aus einer Ecke hervor und hielt sie mir vor die Nase. Lächelnd nickte ich ihr zu. Sie hatte mich entwaffnet.

Kapitel 8

Wie auf meiner eigenen Beerdigung

„Bitte nimm mich mit zu dir. Meine Oma quält uns!“, flüsterte mir das dünne fünfjährige Mädchen ins Ohr. Sie saß auf meinem Schoß und klebte förmlich an mir. Unermüdlich spielte sie mit ihren Fingern in meinem Haar, das sich so anders anfühlte als ihr eigenes.

Ihre betrunkene Oma heizte das offene Feuer im Inneren der Hütte an. Darauf kochte sie mir Chai, süßen Milchtee. Ich saß im Eingang der Lehmhütte, um dem beißenden Rauch zu entfliehen. Nur wenige Minuten in dem Qualm hatten meine Augen zum Tränen und meine Nase zum Laufen gebracht. Die alte Frau war die Mutter eines jungen Mannes, dem ich bei seiner Schulausbildung half. Von ihm wusste ich, dass seine Schwester ihre zwei Kinder bei ihrer Mutter zurückgelassen hatte und verschwunden war.

„Was macht deine Oma denn mit dir und deinem Brüderchen?“, fragte ich so leise wie möglich.

„Sie gibt uns nichts zu essen. Bitte, bitte nimm mich und meinen Bruder mit zu dir. Sie lässt uns verhungern!“ Mit großen Augen blickte sie mich erwartungsvoll an.

Sie und ihr zweijähriger Bruder waren wirklich nur noch Haut und Knochen, beide nur mit schmutzigen Lumpen bekleidet. Ich glaubte dem Mädchen. Es war herzzerreißend. Zu gerne hätte ich die Kinder mitgenommen, in die Badewanne gesteckt, ordentlich angezogen und ihnen etwas zu essen gegeben. Ich malte mir schon aus, wie sie dann aussehen würden. Die Oma hätte sie sofort abgegeben, da bestand kein Zweifel. Für sie waren die Kleinen eine Last. Sie wusste selbst nicht, was sie essen sollte. Das wenige Geld, das sie organisierte, setzte sie in Alkohol um. Die Kinder waren ihr dabei nur im Weg.

Abfällig deutete sie auf den Jungen: „Sieh mal, wie dünn er ist! Was soll nur aus ihm werden? Ich habe nichts, was ich ihm zu essen geben kann. Seine Mutter kriegt ein Kind nach dem anderen. Sie kommt schwanger zu mir, verspricht zu bleiben und haut jedes Mal wieder ab. Mich lässt sie hier mit den Kindern einfach sitzen", beklagte sich die Alte bei mir.

Ich steckte in der Klemme. Wenn ich die Kinder mitnahm, hatte ich bald mein Haus voll. In vielen Familien sah es nicht besser aus als hier. Es konnte nicht sein, dass ich diesen Menschen ihre Verantwortung für ihre Kinder abnahm. Schweren Herzens flüsterte ich der Kleinen zu, sie müsse bei ihrer Oma bleiben.

Was ich konnte, tat ich allerdings. Auf jeder Fahrt in diese Gegend besuchte ich die Familie und brachte Nahrungsmittel mit. Vorsichtig sprach ich die alte Frau auf ihre Alkoholprobleme an. Sie leugnete einfach rundweg, dass sie trank. Nach schwierigen Diskussionen schränkte sie das Trinken aber allmählich ein. Ihre Tochter kehrte nach Jahren nach Hause zurück und kümmerte sich nun endlich selbst um ihre Kinder. Und zu ihrer Mutter gehörten sie. Ich freute mich, dass ich der Versuchung, mich zu stark einzumischen, widerstanden hatte und alles gut ausgegangen war.

Wenn ich abends auf meiner Veranda saß, konnte ich sie von Weitem singen hören. Manche redeten laut vor sich hin. Jeder, der ihnen entgegenkam, machte einen großen Bogen um sie. Tag für Tag, Woche für Woche, Jahr für Jahr – immer bot sich mir das gleiche Bild. Kurz vor Einbruch der Dunkelheit torkelten sturzbesoffene alte Massai in Richtung Heimat. Arme Leute, die tagsüber bei mir bettelten, besaßen scheinbar genügend Geld, um sich in Loliondo randvoll zu betrinken.

Einer von ihnen, Nembuans Vater, der alte Schurke, überlistete mich anfangs sehr geschickt. Mit immer neuen, frei erfundenen Geschichten machte er mir ein schlechtes Gewissen. So schenkte ich ihm öfter Reis, Mais oder andere Nahrungsmittel. Damit konnte er sich zu Hause etwas kochen … dachte ich.

In gebrochenem Swahili sprach er mich mit „Tochter" an. Das verpflichtete mich, ihm zu geben, was er wollte. Nach Massai-Sitte müssen Frauen nicht nur den Männern gehorchen, sondern auch Jüngere den Älteren. Bei Kindern ist jede Widerrede absolut tabu. So wurden aus seinen anfänglichen Bitten bald Forderungen und schließlich Befehle. Mir blieb nichts anderes übrig, als entgegen der Tradition Grenzen zu setzen.

Das fiel mir nicht mehr schwer, als ich hörte, was „mein Vater" im Nachbardorf volltrunken herausposaunte. Laut sang er lallend auf der Straße vor sich hin: „Gott ist gut zu mir. Den Mais der Sister habe ich auf dem Markt verkauft. Von dem Geld konnte ich mich heute richtig schön betrinken. Danke, Gott, für die Sister und das Bier."

Der Alte war glücklich an diesem Tag. Doch als ich ihn darüber informierte, dass ich ihm ab sofort nichts mehr mitgeben würde, beschimpfte er mich wüst. Ich bot ihm an, bei mir zu essen. Er lehnte ab. Alle guten Worte halfen nicht. Seine Beschimpfungen wurden immer schlimmer.

Eben noch die Gute, war ich jetzt die Böse. Aus seiner Sicht war es unglaublich, dass ich es wagte, ihm nicht zu gehorchen. Doch auch mir wurde es langsam zu bunt. Mich fast täglich von einem Betrunkenen anschreien zu lassen gefiel mir nicht. Ich erteilte ihm Hausverbot. Er war böse auf mich, doch ich hatte meine Ruhe.

Auf dem Weg schwankte eine alte Frau hin und her. Ich trat auf die Bremse. In diesem Waldstück war kein Platz zum Ausweichen. Langsam näherten wir uns ihr, und klatsch, da lag sie direkt vor meinem Auto. Schnell stoppte ich und stieg aus. Der Geruch von selbstgebrautem Fusel schlug mir entgegen.

„Was sollen wir machen, John? Sie ist total betrunken."

„Wir müssen sie mitnehmen, sonst fressen sie die Hyänen heute Nacht", sagte er achselzuckend.

Wohl oder übel stimmte ich zu. Betrunkene hatten sich schon allzu oft in unserem Auto erbrochen. Wochenlang danach roch es noch schlimm, deswegen nahm ich sie nur ungern mit. Aber die Alte bei Einbruch der Dunkelheit ihrem Schicksal zu überlassen, das konnte ich auch nicht machen. Mit drei Leuten hoben wir die fast Besinnungslose ins Auto. Wie ein schwerer Sack hing sie zwischen uns und ließ lallend alles über sich ergehen.

„Du hast dich aber heute sehr betrunken", platzte es aus mir heraus. Diesen Kommentar konnte ich mir nicht verkneifen.

„Noch laaange nicht!", antwortete die Frau mit allem Ernst.

Alle Mitfahrenden prusteten vor Lachen. Der Gedanke,

diese Frau würde auch nur noch einen Tropfen trinken, war total unmöglich!

Da sie nicht im Stande war, uns zu sagen, wo sie wohnte, lieferten wir sie nach drei Kilometern im erstbesten Dorf ab. Treffer, hier gehörte sie hin.

Ihre erwachsenen Söhne schüttelten verständnislos die Köpfe. Dankbar reichten sie John und mir die Hand. „Danke, dass ihr unsere Mutter mitgebracht habt. Sie hätte es heute bestimmt nicht mehr nach Hause geschafft, so voll, wie sie ist. Ihr habt ihr das Leben gerettet."

Damals in Morogoro hatte ich gestaunt, warum die Kirche hier so strikt gegen Alkohol war. Je länger ich in Tansania wohnte, desto besser verstand ich diese Regel. Die Leute, die ich kennenlernte, tranken entweder absolut nichts oder maßlos viel. Dazwischen gab es nichts. Der Gebrauch von Alkohol schien nur ein Ziel zu haben – sich völlig zu betrinken.

Der drei Meter lange Anhänger schob den Landcruiser bedenklich die Berge hinunter. Im niedrigen Gang und stotterbremsend schaffte ich es, heil heimzukommen. Das Auto war groß, aber ohne den Hänger genügend Diesel für meine Einsätze mitzuführen war unmöglich. Mir war klar, ohne Auffahrbremse würde das auf Dauer nicht gut gehen.

In Arusha klapperte ich daher eine Werkstatt nach der anderen ab. Immer wieder lautete die Antwort: „Tut uns leid, aber eine Bremse in einen Hänger einbauen, das können wir nicht. Vielleicht hast du in Nairobi mehr Glück."

Tatsächlich: Ein letzter Handgriff, und das Rad saß wieder fest. Der Bremseneinbau war reine Routine für die Werkstatt in Nairobi gewesen. Der Chef erklärte mir die Funktion der Auffahrbremse. Während ich die Rechnung beglich, hängten mir die Mechaniker den Anhänger ans Auto.

„Das wäre geschafft!", dachte ich und fuhr mit dem langen Gespann Richtung Tansania los. Nun brauchte ich mir keine Sorgen mehr zu machen. Der Hänger würde mich ab jetzt nicht mehr mit voller Wucht die steilen Berge hinunterschieben.

Auf der regennassen Straße kurz vor Ngong kam mir ein LKW mit Überbreite entgegen. Der Fahrer zwang mich, ihm Platz zu machen. Die vier Räder des Autos blieben auf der Straße. Ein Rad des Anhängers jedoch rutschte vom steil abfallenden Bankett ab. Blitzschnell versuchte ich, das Auto in den Griff zu bekommen. Nichts zu machen, der Hänger zog in Bruchteilen von Sekunden den Landcruiser entgegen der Fahrtrichtung, woraufhin der Wagen sich um die eigene Achse drehte. Vor meinem geistigen Auge sah ich mich schon schwer verletzt, wenn nicht sogar tot, im Graben liegen. Ich schrie zu Gott: „Nein, Herr!"

Blitzartig drehte sich das Auto um 180 Grad. Es kippte mit voller Wucht auf die Fahrerseite. Wie durch ein Wunder rammte mich auf der stark befahrenen Straße kein anderes Auto. Kein Fußgänger wurde verletzt. Noch angeschnallt saß ich wie versteinert da und hielt noch immer den Lenker fest.

Die Seitenwand meines Autos war mir bedrohlich nahe gekommen. Sämtliches Gepäck war auf meine Seite geflogen. Hinter meinem Kopf lag die neue Solarbatterie. Unter meinen Füßen befanden sich alle möglichen Gepäckstücke, auch das Radkreuz. Die Windschutzscheibe steckte völlig zertrümmert in ihrem Rahmen.

„Danke, Gott! Ich lebe noch und nichts tut mir weh!"

Einige Männer rissen von außen an der Windschutzscheibe.

„Nein, lasst das! Ich komme aus der Tür raus!“, rief ich ihnen entgegen.

Keine Reaktion. Die Männer schafften die kaputte Windschutzscheibe beiseite und gaben mir zu verstehen, ich solle aus der entstandenen Öffnung aussteigen. Ich kletterte heraus und starrte das kaputte Auto an. Von allen Seiten stürmten jetzt Menschen auf den Wagen zu. Wie aus dem Nichts waren sie plötzlich da.

„Seid ihr etwa alle Diebe oder was?!“, schrie ich ihnen so laut ich konnte auf Swahili zu. Tatsächlich waren sie bereits im Begriff, das Auto auszuräumen.

Augenblicklich blieben sie wie angewurzelt stehen und blickten mich verdattert an.

„Gott hat mich bewahrt und ihr wollt mich ausrauben!?“, brüllte ich sie an.

Wie von unsichtbarer Hand bewegt gingen die Menschen rückwärts vom Auto weg. Ich wünschte mir eine versteckte Kamera herbei. Niemand würde mir das glauben.

Ein Mann schaute mich frech an und sagte überfreundlich: „Wir sind gute Menschen und wollen dir helfen!“

„Ich bin hier und nicht im Auto! Was wollt ihr mir denn helfen?“

„Wir können das Auto für dich wieder auf die Räder stellen“, antwortete er.

„Das schafft ihr nie! Oder nein, zeigt es mir, wenn ihr das wirklich könnt!“

Mit so vielen Händen, wie am Dach Platz fanden, fassten sie zu. Der nicht asphaltierte Seitenstreifen war abschüssig. Gefährlich rutschte der Wagen und drohte die Helfer unter sich zu begraben. Aber immer wieder fassten sie nach, bis der Landcruiser wieder auf den Rädern stand. Ich atmete auf und freute mich. Es war geschafft.

Der Landcruiser stand auf den Rädern und niemand war verletzt worden.

Das schöne neue Auto, es ist noch keine 20.000 Kilometer gefahren und schon Schrott. Soll ich weinen über diesen Verlust oder dankbar sein, dass mir bei diesem Unfall nichts passiert ist?, ging es mir durch den Kopf.

Ich entschloss mich, dankbar zu sein. Zu mir selbst sagte ich, ich hätte sicherlich einen Schock und sollte nichts Unvernünftiges tun. Dann schaute ich den komplett verzogenen Wagen an. Nein, ich sollte auf keinen Fall damit weiterfahren.

Wie wild redeten plötzlich alle gleichzeitig auf mich ein. Jeder hatte eine Meinung dazu, was ich tun sollte. Sie tippten mir von der einen Seite auf die Schulter und zogen mich von der anderen am Ärmel. Suchend blickte ich mich um und erspähte einen bescheidenen Mann, den die Menge zurückgedrängt hatte.

An ihn wandte ich mich: „Was hast du gesagt?"

„Er hat nichts gesagt! Der kann dir nicht helfen! Ich helfe dir!", brüllte der zuvor so auffällig Freundliche dazwischen.

„Entschuldigung, aber ich rede mit diesem Mann." Während ich mit dem Finger auf den abgedrängten Mann zeigte, wiederholte ich ruhig, aber bestimmt meine Frage: „Was hast du gesagt?"

„Ich wohne hier nebenan. Du kannst dein Auto in den Hof fahren. Ich schließe das Tor ab. Dann kannst du von meinem Haus aus telefonieren."

Ich ging auf seinen Vorschlag ein und fuhr in seinen Hof. Mein Gepäck schien in dem hoch umzäunten Gelände trotz fehlender Scheibe verhältnismäßig sicher zu sein. Dennoch verließ ich das Auto nur ungern und betrat zögernd das Haus. Das Telefon funktionierte sofort – keine Selbstverständlichkeit in Afrika.

Zuerst rief ich die Werkstatt an. „Hallo, hier ist Sister Christine. Ich hatte einen Unfall. Könnt ihr mich auf der Ngong Road abholen? Bitte kommt mit einem Auto mit Anhängerkupplung, meine ist hin, und bringt einen zweiten Fahrer mit."

Nach diesem kurzen Gespräch schaute ich schnell nach meinem Auto. Keine Diebe in Sicht. Als Nächstes telefonierte ich mit dem Gästehaus, das ich morgens verlassen hatte. „Hallo, ich bin's, Christine. Ist mein Zimmer noch frei? Ich hatte einen Unfall. Das Auto sieht nach einem Totalschaden aus, aber mir geht es gut. Könnt ihr bitte meiner Missionsgesellschaft in Deutschland telefonisch Bescheid geben? Fragt bitte, ob sie einen Rat für mich haben."

Nach einem weiteren kurzen Kontrollblick auf mein Auto informierte ich auch meine Kirche in Tansania telefonisch.

Kaum hatte ich die Telefonate beendet, trafen die Mechaniker ein. Sie begutachteten den Unfallwagen von allen Seiten. Obwohl das Hinterrad stark eierte, die Windschutzscheibe fehlte und die gesamte Karosserie verzogen war, entschlossen sie sich, damit zu fahren. Einer fuhr mein Auto, der andere Mechaniker zog den wenig beschädigten Anhänger mit dem Werkstattauto. Die Polizei, die uns unterwegs stoppen wollte, ignorierten sie einfach. Sicher taten sie dies aus einschlägigen Erfahrungen. Mir war dabei nicht ganz wohl zumute. Da ich aber nichts daran ändern konnte, hoffte ich einfach, durch dieses Verhalten keine zusätzlichen Scherereien zu bekommen.

Von der Werkstatt aus rief ich noch mal beim Gästehaus an. Meine Missionsgesellschaft ließ mir ausrichten, dass ich einen Polizeibericht brauchte. Zwei amerikanische Missionare, Peter Russell und Byron Borden, eilten mir sofort zu Hilfe. Sie luden mein Gepäck in ihr Fahrzeug um und begleiteten mich zur nahe gelegenen Polizeistation. Der

Polizist schrieb den Bericht des Unfallhergangs nieder und verwies mich für alles Weitere an die Verkehrspolizei.

Ein spezielles Formular musste gekauft, ausgefüllt und bei der zuständigen Polizeibehörde abgegeben werden, wurde mir erklärt. Peter führte dieses Formular praktischerweise für alle Fälle in seinem Auto bei sich. Aber da die zuständige Behörde Feierabend hatte, blieb uns nichts anderes übrig, als bis zum nächsten Tag zu warten.

Früh am nächsten Morgen fuhr Peter mit mir zur Polizei. Die Beamten ließen durchblicken, dass sie nicht für diesen Unfall zuständig seien. Sie könnten uns jedoch zwei Tage später eventuell „helfen". Gegen dieses Wort in so einem Zusammenhang war ich mittlerweile allergisch. Zu gut haftete die Erinnerung an meine erste Erfahrung mit dem Fluggepäck und die jüngsten Ereignisse in meinem Gedächtnis. Nein, ich wollte keine „käufliche Hilfe". Freundlich fragten wir nach der zuständigen Polizeibehörde und machten uns auf den Weg.

Dort angekommen, teilte man uns mit: „Der zuständige Beamte ist nicht hier. Kommt später wieder."

Nach einer halbstündigen Wartezeit bei einer Tasse Tee im schmuddeligen Restaurant in Ngong kamen wir wieder. Zu unserer Überraschung begrüßte uns der zuständige Beamte mit den Worten: „Ach, du bist die Weiße, die gestern den Unfall hatte und bei der die Diebe es nicht schafften, sie auszurauben!" Interessiert schaute er mich an und fuhr dann fort: „Die Gegend, in der du den Unfall hattest, ist bekannt für bewaffnete Überfälle auf Autos."

In seinem bescheidenen Büro zierte ein Poster der christlichen Polizeivereinigung Kenias die Wand. Vielleicht würde dieser Beamte einfach ohne krumme Touren seine Arbeit tun, hoffte ich. Und wirklich: Unverzüglich, sachlich und korrekt begann der Beamte seine Arbeit und füllte das Formular aus. An der Stelle, wo eine Versicherungsgesellschaft eingetragen werden musste, fragte er mich, welche den Schaden bezahlen würde. Ich besaß eine tansanische Versicherung, eine kenianische und eine Vollkaskoversicherung in Deutschland. Die einheimischen Versicherungen deckten nur durch mich verursachte Schäden ab. Die Unterlagen über diese gesetzlich vorgeschriebenen Versicherungen legte ich dem Polizisten vor. Er fragte mich weiter: „Welche Versicherung zahlt den Schaden an deinem Auto, die kenianische oder die tansanische?"

„Keine davon, ich habe noch eine deutsche Vollkaskoversicherung. Die ist in diesem Fall zuständig", erklärte ich.

„Gib mir die Versicherungsnummer. Ich muss sie hier in das Formular eintragen."

Meinen ratlosen Blick sehend fuhr er fort: „Ohne die Nummer kann ich den Unfallbericht nicht abschließen und dir aushändigen."

„Die Nummer liegt bei meiner Missionsgesellschaft in Deutschland vor. Was soll ich jetzt tun?"

„Wenn du sie anrufst und mir dann die Nummer sagst, werde ich es so eintragen, wie du es mir sagst."

„Brauchst du keinen schriftlichen Beleg?"

„Nein. Ich glaube dir."

Es war der erste Mai, ein Feiertag in Kenia und in Deutschland. Wieder fuhren Peter und ich in die kleine Ortschaft. Die einzige Telefonzelle funktionierte nicht. Aber Peter kannte sich aus; in einem Krämerladen lotste er mich durch die Hintertür, quer durch ein Friseurgeschäft, und schon waren wir da: Auf einer Theke standen drei Telefone. Ein Ortsgespräch kostete ein paar Cent, Ferngespräche waren untersagt. Kurzerhand rief ich beim Gästehaus in Nairobi an und bat sie, für mich in Deutschland nach der Versicherungsnummer zu fragen. Dann sollten sie mich in der Telefonstube zurückrufen. Wir warteten. Schon nach zehn Minuten kam der ersehnte Anruf.

Mit der Versicherungsnummer kehrten wir zur Polizeistation zurück. Der nette Beamte war nicht mehr da. Sein Kollege meinte, er käme bestimmt gleich nach der Mittagspause wieder. Wieder warteten wir. Irgendwann kam er wirklich zurück und erledigte die restlichen Formalitäten ohne einen schriftlichen Beweis für die Richtigkeit meiner Angabe.

Mit einem Lächeln übergab er mir dann die Unterlagen und sagte: „Wenn du mal wieder hier vorbeikommst, schau doch bei mir herein und komm mich begrüßen."

„Danke, das werde ich gerne tun!", antwortete ich, während ich glücklich die Unterlagen entgegennahm. Ich hätte ihn umarmen können, so freute ich mich.

Peter und ich konnten es kaum glauben. Es war 15 Uhr und wir waren fertig! Einfach so hatten wir den Polizeibericht bekommen. Viele Freunde hatten Wochen, Monate und manche sogar Jahre auf einen Unfallbericht der Polizei gewartet, und hier standen wir nach nur einem Tag mit dem Bericht in unseren Händen!

Im Gästehaus angekommen erzählte ich meine Unfallstory wieder und wieder. Jeder wollte sie hören. Dabei konnte ich selbst kaum fassen, dass ich absolut unverletzt geblieben war. Ich hätte tot sein können! Vor dem Spiegel prüfte ich meinen ganzen Körper von oben bis unten. Tatsächlich, nicht eine Schramme oder ein blauer Fleck waren zu finden. Unglaublich, wie Gott mich da bewahrt hatte!

Ohne Auto saß ich nun in Arusha fest. In nur wenigen Tagen würde ich Besuch aus Deutschland bekommen. Renate wollte das erste Mal zu mir nach Tansania kommen. Unbedingt wollte ich ihr zeigen, was ich so machte. Aber wie sollte ich die Arbeit einer mobilen Klinik ohne Auto überhaupt hinkriegen? Ich musste auf jeden Fall zunächst einmal zusehen, dass wir nach Loliondo kamen.

John befand sich im Rahmen einer Weiterbildungsmaßnahme für den nächsten Monat in der Schule. Mit ihm zusammen hatte ich die Arbeit der mobilen Klinik nun gut etabliert, und in einem Jahr sollte er meine Arbeit ganz übernehmen. In der Schule lernte er nun, was ich mir durch Erfahrung angeeignet hatte: Projektmanagement.

Leider existierte keine öffentliche Verkehrsverbindung nach Loliondo. Immer mal fuhr ein Bus die Strecke Arusha–Loliondo, doch darauf konnte man sich ganz und gar nicht verlassen. Der Bus war in einem üblen Zustand, und Geld für Reparaturen war nie vorhanden. Sowohl der Regen als auch die ständigen Pannen zwangen die Reisenden immer wieder zu langen Fußmärschen. Die Reisedauer war völlig unvorhersehbar. Freiwillig wäre ich da nie mitgefahren, eher hätte ich jede andere Transportmöglichkeit vorgezogen.

Glücklicherweise flogen die Katholiken zweimal monatlich Wasso an. Pat Pattern leitete seit vielen Jahren den *Flying Medical Service*. Dieser medizinische Flugdienst rettete vielen Menschen das Leben. Mit zwei Sechssitzer-Cessnas leisteten sie Gewaltiges. Pat und ich kannten uns gut. Mit seiner jahrzehntelangen Erfahrung in Tansania war der Priester nicht nur ein guter Buschpilot, sondern behandelte auch ausgezeichnet die verschiedensten Krankheiten. Sein erfrischender Humor machte den Flug nach Loliondo zum reinsten Vergnügen. Er wollte alles über meinen Unfall wissen, und ausführlich berichtete ich ihm alle Einzelheiten. Wie so oft in Afrika blieb eine Geschichte nicht allein stehen. Pat kramte seine besten Geschichten von dramatischen Notlandungen hervor. Er erzählte meisterhaft, und seine Schilderungen nahmen mich mit, als wenn ich selbst dabei gewesen wäre.

Wenige Tage später saßen Renate und ich dann gemeinsam mit Pat im Flieger. Ich kam sonst fast nie in den Genuss, über mein Arbeitsgebiet zu fliegen. Es war traumhaft, Renate diese atemberaubende Landschaft von oben zeigen zu können. Obwohl wir in dem kleinen Flugzeug nicht viel weniger durchgeschüttelt wurden als im Auto auf den Buschwegen, genossen wir jeden Augenblick des einstündigen Fluges. Der Natronsee sah aus wie eine Mondlandschaft. Daneben erhob sich fast 3.000 Meter hoch der Oldonyo Lengai, ein einzigartiger Vulkan. Der ostafrikanische Grabenbruch, das mit 6.000 Kilometer längste Tal der Welt, wirkte aus der Vogelperspektive gigantisch. Über die Salei-Ebene und die Sonjo-Berge kamen wir ins Hochland von Loliondo. Im Wasso-Krankenhaus, das nicht weit von der Landebahn entfernt ist, baten wir einen Fahrer, uns gegen Bezahlung nach Loliondo zu bringen.

Zu Hause begrüßte uns Esther*. Sie war von Anfang an mit dabei und inzwischen weitaus mehr als eine Angestellte. Wie nah wir uns standen, merkten wir jetzt wieder einmal ganz deutlich. Allein der Gedanke an meinen Unfall hatte ihr schlaflose Nächte verursacht. Nun umarmte sie mich ganz offen vor allen Leuten. Das war eigentlich gar nicht ihre Art. Aber ich freute mich und erwiderte ihren Gruß.

Ungläubig, als wenn er ein Gespenst vor sich hätte, schaute ein Freund in Loliondo mich an. „Du lebst wirklich!“, brachte er schließlich über die Lippen. Mit beiden Händen hielt er meine rechte Hand fest und schien gar nicht zu glauben, was seine Augen sahen. „Als wir hörten, du hättest einen Unfall mit Totalschaden gehabt, waren wir sicher, dass du tot sein musst! Natürlich dachten wir, wir würden angelogen, um uns zu beruhigen, als man uns erzählte, dir sei nichts passiert. Aber ich danke Gott, dass du lebst! Geht es dir wirklich gut?"

In Loliondo und Umgebung hatten sich während meiner Abwesenheit die wildesten Gerüchte verbreitet. Die Geschichte wurde immer abenteuerlicher. Angeblich hatte ich mich vier Mal mit dem Wagen überschlagen und sei schwer verletzt worden. Der Fantasie waren keine Grenzen gesetzt. Jeder dichtete eben noch etwas dazu, damit er die Geschichte noch spannender als sein Vorgänger weitergeben konnte. Kein Wunder, dass ich nun *die* Attraktion war. Alle, denen etwas an mir lag, aber auch viele Neugierige, kamen zum „Pole" sagen. Für dieses Wort gibt es keine richtige Übersetzung. Es ist ein Wort, um Mitgefühl auszudrücken. Platzt ein Autoreifen, arbeitet jemand besonders hart oder ist ein Sterbefall eingetreten, bezeugt man seine Anteilnahme mit „Pole".

Der Besucherstrom riss nicht ab. Freunde und Bekannte umarmten mich, sagten „Pole" und beschenkten mich mit Milch, Eiern und Mais. Jeder wollte den Unfallhergang haarklein von mir hören. Sie erzählten mir von schlaflosen Nächten und Sorgen, die sie meinetwegen gehabt hatten. Ich fühlte mich fast wie auf meiner eigenen Beerdigung. Denn dass so viele Leute zum „Pole" sagen kamen und Geschenke brachten, kannte ich eigentlich nur von solchen Gelegenheiten. Zum ersten Mal wurde mir so richtig klar, wie sehr die Menschen hier mich schätzten.

Das Maß war voll! Ständig hautnah die Auswirkungen des Alkoholmissbrauchs zu sehen, reichte mir. Ich musste aktiv werden. Das konnte ich nicht länger untätig mit ansehen.

Als ich einmal wieder mit dem *Mzee* redete, dem alten Massai aus dem Ältestenrat, fragte ich ihn einfach: „Mzee, ich sehe jeden Tag Menschen, die ihr Leben durch Alkoholmissbrauch vollständig ruinieren. Das sind alles Leute aus deinem Stamm. Kann ich nicht kommen und mit euch darüber reden?"

„Morgen trifft sich der Ältestenrat oben auf dem Berg. Nur Männer sind bei diesem Treffen. Aber du bist ja weiß, bei dir werden sie sicher eine Ausnahme machen. Ich werde sie schon rumkriegen, dir das Wort zu erteilen. Du musst unbedingt kommen, das ist ein wichtiges Thema", nickte der *Mzee*.

Renate und ich machten uns zu Fuß auf den Weg durch die Wildnis. Wir genossen die wunderschöne Wanderung durch kniehohes Gras den Berg hinauf. Die *Wazee*, die Alten, tagten schon. Von Weitem sahen wir ihre roten Tücher leuchten, mit denen sie bekleidet waren. Sie hoben sich deutlich von der grünen Landschaft ab. Alle Massai, die ich kannte, liebten Rot.

Langsam näherten wir uns der in der Sonne sitzenden Gruppe. Hier im Hochland war es empfindlich kalt, aber die Sonnenstrahlen wärmten gut. Der *Mzee* vom Vortag bedeutete uns mit einer beiläufigen Handbewegung, Platz zu nehmen. Wir setzten uns. Die Alten blickten uns nicht gerade einladend an. Ohne uns groß Aufmerksamkeit zu schenken setzten sie ihr Palaver fort. Sie sprachen *Maa*, die Massai-Sprache. Niemand übersetzte, daher verstanden Renate und ich kein Wort von dem, worüber sie debattierten.

Lange beobachteten wir die Männer, wie sie einfach auf

dem Boden in der Natur sitzend als traditionelle Leiter alle wichtigen Entscheidungen trafen. Als Frauen dabei sein zu dürfen war eine besondere Ehre. Wir konnten es aber auf keinen Fall wagen, das Gespräch zu unterbrechen. Geduldig warteten wir. Nach einer Stunde kündigte der *Mzee* mich schließlich an und forderte mich auf, das Wort zu ergreifen. Spontan wurde einer der jüngeren Männer eingeteilt, aus dem Swahili zu übersetzen, was ich sagte.

Wie alle Redner vor mir stellte ich mich hin. Mein Übersetzer gesellte sich an meine Seite. Interessiert richteten alle ihre Blicke auf mich. Das war meine Gelegenheit, mit den einflussreichsten Leuten des Dorfes zu sprechen. An fünf Fingern konnte ich mir abzählen, dass unter ihnen auch Alkoholiker waren. Sie würden nicht so glücklich sein, wenn ihr Problem öffentlich angesprochen wurde. Ich nahm mir vor, mein Bestes zu geben. In ihrer Sprache begrüßte ich die Gruppe und stellte mich vor. Durch die wenigen Worte in *Maa* lockerte sich die Atmosphäre spürbar.

Auf Swahili fuhr ich fort: „Einige von euch kennen mich, andere nicht. Ich lebe hier in Loliondo und sehe jeden Abend die betrunkenen Massai nach Hause torkeln." Während ich diese Worte sprach, ahmte ich nach, wie die Betrunkenen laut singend an meinem Haus vorbeitorkelten. Die Männer konnten sich nicht mehr halten vor Lachen. Als ich die Geschichte von der alten Frau vorspielte, die vor meinem Auto hin und her schwankte und hinfiel, grölten die Zuhörer vor Lachen. Ausnahmslos jeder kannte solche Situationen.

„Aber wie viele Volltrunkene schaffen es nicht bis ins sichere Boma, sondern fallen unterwegs um und werden von den Hyänen gefressen?", fragte ich.

„Letztes Jahr waren es acht!", rief mir einer zu.

„Überlegt mal! Um an Bier zu kommen, verkaufen manche Männer eine Kuh nach der anderen, bis sie nichts mehr haben. Ihre Frauen und Kinder leiden Hunger, aber die Bierverkäufer bauen sich immer schönere Häuser im Ort!"

„Du hast recht!", warf ein anderer Mann ein und nannte einige Namen der ihm bekannten Alkoholiker, die Haus und Hof versoffen hatten.

Ein betroffenes Nicken machte die Runde.

„Heute bin ich bei euch", redete ich weiter, „weil ich euch wirklich gern mag und nicht möchte, dass der Alkohol euch kaputt macht. Ihr wisst, dass Betrunkene oft ihre Frauen schlagen und ganze Familien zerstört werden. Das wollt ihr doch selbst nicht."

„Was die Sister sagt, stimmt", unterbrach mich ein sehr alter Mann. „Sie hat recht mit dem, was sie sagt. Ich bin einer dieser schlimmen Trinker. Ihr kennt mich alle, ich kann nicht mehr damit aufhören. Deswegen sage ich euch jüngeren Männern heute: Fangt gar nicht erst mit der Trinkerei an, sonst wird es euch so wie mir gehen!"

Eine lautstarke Diskussion entbrannte und verselbstständigte sich für einige Zeit. Der alte Trinker mit seiner hoffnungslosen Perspektive tat mir leid. Seine Ehrlichkeit jedoch beeindruckte mich tief.

An ihn gewandt sagte ich: „Ich glaube nicht, dass es für dich zu spät ist, um mit dem Trinken aufzuhören."

„Doch, ich schaffe das nicht mehr", sagte er voller Überzeugung.

„Stimmt! Du würdest es nie ohne Alkohol aushalten!", pflichteten seine Freunde ihm bei.

„Menschlich gesehen ist es vielleicht unmöglich, nach so langer Zeit noch mit dem Trinken aufzuhören, aber ich glaube, Gott kann dir dabei helfen, wenn du ihn darum bittest", versuchte ich ihm Mut zu machen.

Wir redeten lange miteinander. Am Ende bat mich der

Sprecher, ein anderes Mal wiederzukommen, um weiter über dieses wichtige Thema zu sprechen.

„Aber, Sister, das nächste Mal musst du zu den Frauen sprechen, die trinken nämlich noch viel mehr als wir!", sagten sie mir zum Abschied.

Renate und ich gingen nach Hause. Immerhin hatten wir dieses Problem schon mal thematisiert. Endlich sprachen die Massai offen über das Thema Alkoholmissbrauch und machten sich Gedanken darüber. Sicher konnte ich nicht sofort eine Verhaltensänderung erwarten, aber ein kleiner erster Schritt war getan.

„Renate, traust du dich, hinter mir auf dem Motorrad mitzufahren?", wollte ich wissen.

Sie war mutig und sagte Ja. So planten wir einen Augeneinsatz in Esilalei für den nächsten Tag. Alle Augeninstrumente, Augentropfen, Salben, einige Tabletten und, ganz wichtig, die Tabelle für den Sehtest verstaute ich in meinem Rucksack. Hinten auf dem Motorrad befestigte ich ein minimales Werkzeug-Set und eine Luftpumpe, falls ich unterwegs einen Platten bekam.

Zu zweit auf der kleinen Geländemaschine, ich vorn und Renate mit dem Rucksack auf dem Rücken hinten, starteten wir gleich frühmorgens. Wie so oft strahlte die Sonne vom Himmel und uns bot sich ein wunderbarer Weitblick. Im Vorbeifahren sahen wir Antilopen und Zebras, die auf den unendlichen Blumenwiesen grasten. Die Fahrt war einfach herrlich.

Ich beschloss, Renate den *Soit Sambu*, den „braunen Felsen", zu zeigen. Dieser imposante, riesengroße Findling hat die Länge einer Boeing 747 (etwa 70 m) und die Höhe eines 4-stöckigen Hauses und bietet von seinem fantastischen Plateau aus einen atemberaubenden Weitblick in die Massai-Steppe.

Doch zuerst stoppte ich in Esilalei und kündigte die Augenklinik an, damit die Massai genügend Zeit hatten, um sich zur Untersuchung zu versammeln, während wir noch unseren Ausflug machten. Dann fuhren wir weiter.

Meist schaffte ich es mit der Geländemaschine ganz gut durch die kniffeligen Stellen. Aber es gab Streckenabschnitte, die einen tiefen sandigen Boden hatten, und dort hieß es vorsichtig allein durchfahren. Auch die felsigen, steilen Wege brachten wir heil hinter uns. Und dann stand er vor uns – der braune Felsen, riesig groß und majestätisch. Hier wollte ich ein Picknick mit Renate machen und dann gestärkt zu dem Augeneinsatz zum *Boma* fahren.

Einen geheimen Pfad durch ein kleines Wäldchen entlang kamen wir an die einzige Stelle, von der aus der Felsen zu ersteigen war. Fast senkrecht erhob sich die Felswand direkt vor uns.

Mutig machte Renate sich mit mir an den Aufstieg, der uns einige Kletterkünste abverlangte. Als wir oben angekommen waren, fragten wir uns, wie wir um alles in der Welt den Rückweg schaffen würden. Aber erst mal genossen wir in vollen Zügen den fantastischen Rundumblick in die Steppe. Rund 500 Quadratmeter groß war das Felsplateau, auf dem wir uns befanden. Eine warme Brise wehte. Plötzlich raschelte es im Gebüsch direkt unterhalb des Felsens.

Renate fragte: „Hörst du das da unten? Was ist das?“

Wir schauten nach unten und versuchten etwas zu erkennen. Außer ein paar Büschen, die sich bewegten, konnten wir nichts erspähen.

„Also, Elefanten sind es nicht!“, meinte ich. „Die sind so groß, die würden wir von hier aus gut sehen können.“

„Doch nicht etwa Löwen?“

Mutiger klingend, als ich mich fühlte, winkte ich ab: „Ach, das sind bestimmt nur Paviane. Komm, wir essen jetzt erst mal unser Picknick.“

Nach der über 2-stündigen Motorradtour und bei dem herrlichen Ausblick schmeckte es uns beiden besonders gut. Da die Arbeit auf mich wartete, konnten wir leider nicht allzu lange an diesem traumhaften Ort bleiben. Der Abstieg ging trotz schwitzender Hände und zittriger Knie leichter als erwartet. Auch das Rascheln hatte aufgehört, selbst unten konnten wir keine Tiere entdecken.

„Da seid ihr ja!“ Die Massai am *Boma* erwarteten uns schon zur Augenklinik. Mit Renates Hilfe untersuchte ich alle Kinder auf Trachom, behandelte die Erwachsenen mit Augenkrankheiten und gab den üblichen Gesundheitsunterricht. Es war schön, Renate so an meiner Arbeit teilhaben lassen zu können. Meine anfängliche Sorge, ohne Auto wäre das nicht möglich, hatte sich nicht bestätigt.

Wenige Tage nach diesem Einsatz bekam ich Besuch von dem Evangelisten Lemayan* aus der Nähe von Soit Sambu. Freudig berichtete ich ihm von dem Einsatz mit Renate und unserem gelungenen Ausflug mit Aufstieg auf den Fels.

Er verzog nachdenklich sein Gesicht. „Wann genau bist du auf den Felsen gestiegen?“, wollte Lemayan wissen.

„Am Mittwoch."

„Genau an dem Tag sind dort Löwen gesichtet worden!"

Im Nachhinein durchfuhr mich ein eisiger Schrecken. „Und ich habe gedacht, das sind nur Paviane!", platzte es aus mir heraus.

Kapitel 9

Doppelt bestraft

Die überaus gutaussehende Krankenschwester Frida* legte gerade die übrigen Impfstoffe zurück in den Solarkühlschrank der Gesundheitsstation in Arash. Ihre außergewöhnliche hellbraune Gesichtsfarbe, ihr offener Blick und ihr aufrechter Gang strahlten Schönheit und Selbstbewusstsein aus. Ein langer Arbeitstag lag hinter ihr. Endlich war sie fertig mit Impfen und das Geschrei der Kinder hatte ein Ende. Während der letzten Handgriffe genoss sie die Ruhe.

Da flog die Tür auf. Zwei *Shiftas*, zwischen Kenia und Tansania hin- und herreisende Somali-Banditen, standen breitbeinig im Eingang.

Einer richtete seine Kalaschnikow direkt auf die junge Frau. „*Wapi daktari* (‚Wo ist der Arzt?')?!", brüllte er sie an.

Geistesgegenwärtig deutete Frida auf die Nebentür: „Da drin."

Grob schoben die Eindringlinge die zierliche Frau zur Seite und stürmten mit vorgehaltener Waffe in das andere Zimmer. Blitzschnell warf Frida die Tür hinter den Banditen zu, schob den Eisenriegel vor und schloss ab.

Am ganzen Körper zitternd lief sie laut schreiend davon. „Die Somalis, die Somalis!", schallte ihre Stimme klar wie eine Sirene weit in die Umgebung.

Hastig verbarrikadierten die Menschen sich in den umliegenden Hütten. Frida fand bei Freunden Unterschlupf. Die Tür verschlossen sie mit einem Riegel und dickem Vorhängeschloss. Sicherheitshalber schoben sie noch ihre wenigen Möbel davor. Die geschlossenen hölzernen Fensterläden boten Sichtschutz. Dann warfen sie sich unter ihren Betten auf den Boden, denn sie waren sich nicht sicher, ob nicht doch eine Kugel durch die Fensterläden dringen würde.

Den *Shiftas* gelang es nach einigen Minuten, die Tür einzutreten. Lauthals schimpften und fluchten sie, während sie die Gesundheitsstation auf den Kopf stellten.

Elisha*, der gesuchte *Daktari*, hörte jedes Wort. Flach auf dem Bauch lag er mitten im Maisfeld unmittelbar vor der Gesundheitsstation. Bei der Feldarbeit hatte er gehört, wie die Banditen nach ihm riefen und ihn suchten. Gelähmt vor Angst hatte er sich in den Dreck geworfen und traute sich nun nicht mehr vom Fleck. Klopfenden Herzens wartete er ab, was geschehen würde.

Zornig drangen die Banditen in die Mitarbeiterhäuser ein und durchsuchten jeden Raum nach der Krankenschwester und dem Arzt. Noch wütender, weil sie niemanden fanden, kehrten sie in die Klinik zurück und schlugen blindlings um sich. Dann zogen die Kriminellen ab, bepackt mit dem Funkgerät der Station und sämtlichen wichtigen Medikamenten.

Im Gehen riefen sie: „Daktari, dich kriegen wir noch! Dann bist du ein toter Mann!“

Starr vor Angst blieben der Arzt und die Krankenschwester, jeder in seinem Versteck, noch Stunden reglos liegen. Erst als sie wussten, dass die Somalis wirklich fort waren, kamen sie langsam hervor.

Von jetzt an konnten sie ihres Lebens hier nicht mehr sicher sein. Nervös packten sie das Nötigste zusammen und machten sich zu Fuß auf die Flucht. Es war kurz vor

Sonnenuntergang. 60 Kilometer bis nach Loliondo lagen vor ihnen. Die Dunkelheit würde sie unterwegs mit Sicherheit einholen. Dann würden sie Gefahr laufen, Löwen oder Leoparden zu begegnen.

Aber das war Frida egal. Als alleinerziehende Mutter wollte sie auf gar keinen Fall riskieren, dass ihrer Tochter Furaha* etwas zustieß. Ihre Kleine war ihr Ein und Alles.

Frida hatte wie viele tansanische Frauen einen Trick genutzt, um ihre Tochter zu behalten. Denn nach Landesrecht gehören die Kinder ab dem 6. Lebensjahr den Vätern. Wenn eine Frau von der Gesellschaft als vollwertiger Mensch anerkannt werden wollte, musste sie aber Mutter sein. Ein Kind wünschte Frida sich auch. Doch einen Ehemann, der sie herumkommandierte, brauchte sie wirklich nicht zu ihrem Glück. Wie andere gebildete Frauen plante sie deshalb von Anfang an, ihr Kind allein aufzuziehen. Frida schaffte sich zwei Liebhaber gleichzeitig an, wurde auch bald schwanger, und keiner der beiden Männer wusste, ob es von ihm war. So konnte sie ihre Tochter für sich behalten. Beide Liebhaber waren darüber hinaus verheiratete Männer. Sie halfen Frida mit Kleidung und mit Schulgeld und erwarteten im Gegenzug Stillschweigen von ihr, um Ärger mit ihren Ehefrauen zu vermeiden.

Auf dem Kopf balancierte Frida den Korb mit ihren Habseligkeiten, und an der Hand hielt sie Furaha, die tapfer neben ihrer Mama hermarschierte. Der *Daktari* ließ sein Gepäck von zwei älteren Schulmädchen tragen, denn das war keine Männerarbeit. Willig halfen die Kinder dem hoch angesehenen Arzt. Gemeinsam wanderten sie bergauf, bergab durch die dornige Hügellandschaft. Das Buschwerk und der Akazienwald schützte sie davor, von ihren Feinden entdeckt zu werden. Vorsichtig und ohne miteinander zu reden arbeitete sich die kleine Gruppe vorwärts

Richtung Straße. Im Mondlicht erreichten sie das Massai-*Boma* neben der Hauptstrecke nach Loliondo.

Die Massai nahmen ihre Freunde herzlich auf. In einer Hütte aus Kuhdung und Lehm saßen sie um die Feuerstelle. Jeder bekam eine Blechtasse randvoll mit heißer, rauchiger Milch zum Abendessen. Wie selbstverständlich schliefen sie neben ihren Gastgebern auf der Kuhhaut. Am nächsten Morgen schlürften sie noch jeder einen Becher Chai, süßen Milchtee.

So gestärkt setzten Frida, Furaha und Elisha am Morgen ihre Reise fort. Schon nach zwei Stunden trat der unwahrscheinliche Glücksfall ein: Ein LKW kreuzte ihren Weg. Der Fahrer ließ sie auf der offenen Ladefläche mitfahren. Endlich fühlten sie sich in Sicherheit.

Mit weit aufgerissenen Augen erzählte mir Elisha später von dem Überfall und ihrer Flucht. Der Schreck steckte ihm noch in den Knochen. Nie wieder wollte er in Arash arbeiten, weil er jetzt auf der Abschussliste der Somalis stand.

„Daktari, warum sind sie hinter dir her?", fragte ich unverblümt. „Hast du ihnen etwas getan?"

„Nein, Sister. Aber eines Tages kam ein Funknotruf aus Piyaya. Dort hatten die *Shiftas* einen Raubüberfall verübt. Ich wurde gebeten, die Nachricht per Funk an die Polizei weiterzugeben. Das tat ich auch. Irgendein Massai, der zuhörte, muss mich verpfiffen haben. Jedenfalls stufen die Somalis mich jetzt als Feind ein. Sie werden mich umbringen, wenn sie mich kriegen. Dabei habe ich doch nur eine Nachricht weitergegeben. Und das, wo ich mich sonst doch immer gut mit ihnen verstanden habe!"

Nur allzu gut verstand ich den Mann, der nicht nur für sich selbst, sondern auch für Frau und Kinder zu sorgen hatte. Ich sicherte ihm jede erdenkliche Hilfe zu.

Wenige Tage darauf saß er mit mir im Toyota Landcruiser. Mein neuer Geländewagen war noch nicht eingetroffen, aber meine Missionarskollegen hatten mir während ihres Heimaturlaubs ihre Fahrzeuge zur Verfügung gestellt. So war ich jetzt auf dem Weg nach Arusha und machte einen Abstecher nach Arash. Ein mulmiges Gefühl durchzog meine Magengegend, als ich auf die Straße nach Arash einbog. Doch wie sonst sollte Elisha an sein Hab und Gut kommen? Wie sonst sollte ich meinen Vorgesetzten in der Stadt einen genauen Bericht geben, was auf der Gesundheitsstation geschehen war? Die 12 Kilometer bis ins Dorf zogen sich wie Kaugummi.

Im Eiltempo holte der Arzt alle persönlichen Sachen aus den Mitarbeiterhäusern, während ich die Gesundheitsstation inspizierte. Außer kaputten Türen und dem gestohlenen Funkgerät und den Medikamenten war alles noch heil. Schnell reparierte ich provisorisch die Türen und schloss ab.

Der Dorfkern glich einer Geisterstadt im Wilden Westen. Die Bewohner, hauptsächlich Lehrer, hatten fluchtartig den Ort verlassen. In Arash fand kein Unterricht mehr statt. Über 200 Internatsschüler waren nach Hause gegangen. Den anderen Leuten, die weit verstreut in der umliegenden Umgebung lebten, stand keinerlei medizinische Grundversorgung mehr zur Verfügung.

In weniger als einer halben Stunde war alles erledigt, der komplette Hausstand des Arztes war im Auto verstaut, und der Wagen rollte wieder. Aber erst, als wir nach einer knappen Stunde die offenen Weiten der Serengeti erreichten, atmeten wir auf. Die Stimmung unter den Mitreisenden löste sich. Auf unserer Ganztagesfahrt nach Arusha malte Elisha uns wieder in allen Einzelheiten den Überfall vor Augen. Er schien es kaum glauben zu können, dass er unbeschadet davongekommen war.

In Arusha informierte ich meinen Vorgesetzten ordnungsgemäß über die Vorkommnisse in Arash. Kurz teilte er mir mit, er könne es nicht verantworten, andere Mitarbeiter der Gesundheitsabteilung an einen solch gefährlichen Ort zu senden. Damit schloss er vorübergehend die Arbeit in Arash.

Schon auf meiner Rückfahrt nach Loliondo sah ich viele Massai-Frauen mit Säuglingen im Tuch auf den Rücken gebunden und Kleinkindern an der Hand.

„John, wo laufen alle diese Frauen mit ihren kleinen Kindern hin?“, erkundigte ich mich bei meinem erfahrenen Kollegen.

„Zum Impfen“, lautete seine knappe Antwort.

Sofort war mir klar, was er meinte. Seit der Schließung der Gesundheitsstation waren einige Wochen vergangen. Die Mütter nahmen nun über 60 Kilometer Fußweg auf sich, um ihre Kinder in Wasso impfen zu lassen. Bevor es Impfungen in ihrem Gebiet gab, starb die Hälfte der unter 5-Jährigen. Die Frauen hatten die Wichtigkeit der Vorbeugemaßnahmen nur allzu gut begriffen. Ihnen war für das Leben ihrer Kinder kein Weg zu weit.

„Wie lange, meinst du, brauchen sie bis nach Wasso?“

„Zwei volle Tage, mit den Kindern geht es nicht so schnell.“

„Und was machen sie nachts?“, fragte ich weiter.

„Du weißt doch, die Massai sind sehr gastfreundlich. Sie gehen einfach zu den Hütten, bei denen sie gegen Abend ankommen.“

Monate zogen ins Land. Um Arash wurde es still. Von den somalischen Verbrechern hörte ich fast nichts mehr. Niemand wagte es, auch nur über diese gefährlichen Zeitgenossen zu reden, denn wer wollte schon sein Leben riskieren? Doch meine Neugier steigerte sich immer mehr. Warum lebten überhaupt Leute aus Somalia bei uns in der Steppe? Obwohl ich nun schon einige Jahre lang in den entlegensten Dörfern arbeitete, war mir noch nicht ein einziger dieser mysteriösen Gesellen über den Weg gelaufen. Jede Geschichte, die hinter vorgehaltener Hand über einen Überfall erzählt wurde, machte mich neugieriger.

An einem Abend besuchte ich einen alten Massai-Freund in Malambo. Kaum hatte ich sein *Boma* betreten, lief ich einem Somali in die Arme und sprach den Mann, der ebenso verdutzt war wie ich, sofort an: „Hallo, bist du ein Somali? Ich habe schon so viele Geschichten von euch gehört! Ich dachte gar nicht, dass es euch wirklich gibt!"

Wortlos schaute er mich an.

„Sag mal, wovon lebt ihr hier eigentlich? Fühlst du dich hier wohl bei den Massai?", fragte ich in einem bewusst lockeren Ton.

Er brachte ein gequältes „Ja" hervor. Es war unübersehbar, dass ihm gar nicht wohl dabei war, dass ich ihn gesehen hatte. Freundlich lächelte ich ihn an. Für einen Rückzug meinerseits war es ohnehin zu spät. Als wäre es das Normalste von der Welt, nahm ich mit dem Banditen und einer Massai-Frau Platz in der Hütte meines Freundes und plauderte gemütlich bei einer Tasse Rauchtee.

Als ich aufbrach, begleitete mich der schweigsame Somali zum Auto. Ein finsterer Ausdruck lag auf seinem Gesicht. Ich stieg ein.

Er sah mich durch die offene Scheibe an und sagte langsam mit ernster Stimme: „Jetzt kenne ich dich." Den Wagen musternd fügte er hinzu: „Und dein Auto."

„Ja, das ist schön. Es war mir auch eine Freude, dich kennenzulernen. Auf Wiedersehen“, sagte ich betont fröhlich und strahlte ihn an. Dann fuhr ich winkend davon.

Außer einem prüfenden Blick bekam ich keine Erwiderung auf meine Verabschiedung.

„Das war eine Warnung!“, platzte es aus John heraus, der im Auto auf mich gewartet hatte.

„Das glaube ich auch. Wenn ich ihn nicht verrate, lässt er mich dann leben?“, wollte ich wissen.

„Ja. Sie kennen jetzt unser Auto und wissen, dass wir neutral sind. Ich meine, wenn jetzt nach unserer Begegnung keine Polizei nach ihm sucht, dann brauchen wir keine Angst mehr zu haben, dass wir aus irgendeinem Hinterhalt beschossen werden.“

Glücklicherweise wurden die *Shiftas* zu dem Zeitpunkt nicht polizeilich gesucht, sodass tatsächlich kein Verdacht auf uns fiel. Außer mit John sprach ich niemals mit jemandem über diese Begebenheit.

Aus Arash kamen schlechte Nachrichten. Immer wieder terrorisierten die *Shiftas* die Einheimischen. Sie raubten die kleinen Dorfläden aus und erzwangen sich mit Waffengewalt Unterkunft und Essen. Dazu machte sich die Malaria breit. In dieser Gegend besaßen die Menschen kaum Abwehrkräfte gegen diese tödliche Krankheit. Eigentlich lag der Ort mit 1.800 Metern über dem Meeresspiegel zu hoch, um als Malariagebiet zu gelten. Doch die Erreger waren auf dem Vormarsch in immer höhere Regionen. Immer mehr Leute erkrankten und starben innerhalb weniger Tage.

Zeitgleich bekamen einige Massai *Rift Valley-Fieber*, eine

Krankheit, bei der die Infizierten ausbluten wie bei Ebola. Die reinsten Horrorstorys über diese erstmals in Tansania aufgetretene Infektionskrankheit füllten die Zeitungen in Arusha. Anfänglich konnte mir auch niemand sagen, wie ich mich vor einer Ansteckung schützen konnte.

Dennoch fuhren John und ich sofort nach Arash. Irgendwie mussten wir den Leuten doch helfen. Zu unserer Freude trafen wir einen mutigen Lehrer, der trotz der angespannten Lage zurückgekehrt war. Wir erklärten ihm kurz, wie er Malaria anhand der Symptome erkennen konnte. Dann ließen wir ihm einige Dosen mit jeweils tausend Tabletten gegen Malaria und Schmerzen da. Auch für die Therapie von schlimmen Durchfallerkrankungen rüsteten wir ihn aus. Für die Behandlung des *Rift Valley-Fiebers* empfahlen wir Isolation und Antibiotika. Ob damit eine Besserung zu erzielen war, wussten wir zu dem Zeitpunkt nicht. Aber einen Versuch war es wert.

In einem Schulheft führte der Lehrer über seine medizinische Arbeit Buch. Diese Sache in den Händen eines Laien zu wissen beruhigte mich nicht gerade, aber als Sofortmaßnahme in dieser lebensbedrohlichen Lage war es besser als nichts.

Bewegt von der Not der Menschen suchte ich den Leiter der Gesundheitsabteilung in Arusha auf. Nach der Schilderung der Situation bat ich ihn: „Daktari, bitte, wir müssen etwas tun. Wir können die Leute nicht ohne Versorgung lassen. Oder wollen wir einfach zusehen, wie sie dahinsterben? Jetzt haben sie schon das Problem mit den Somali-Banditen, und nun wollen wir ihnen nicht mal mehr im Gesundheitssektor helfen. Die armen Menschen sind doppelt bestraft."

„Aber ich kann wirklich niemanden dort hinsenden. Ich würde das Leben von Mitarbeitern aufs Spiel setzen!", gab mein Chef zu bedenken.

„Wir können doch neue einheimische Leute einstellen. Es sind ihre eigenen Verwandten, die Hilfe brauchen. Und die leben ja sowieso dort in der gefährlichen Sicherheitslage", schlug ich vor. John und ich hatten sogar schon einen Plan, wen wir nehmen konnten.

„Ja, du hast recht, Sister. Wir müssen die Station wieder eröffnen. Aber für mich ist es dort viel zu gefährlich. Ich kann da nicht hinfahren. Mich würden sie gleich erschießen. Bitte übernimm du diese Aufgabe. Dich erschießen sie vielleicht nicht!"

Das klang ja nicht sehr ermutigend. Ich schluckte und übernahm den Job. Ab diesem Gespräch war ich nun nicht nur die Koordinatorin einer mobilen Klinik, sondern auch Supervisorin einer Dorfgesundheitsstation. Meine neue Aufgabe umfasste die Neueröffnung der Station, die Auswahl und Einweisung von Mitarbeitern, Einkauf und Transport von Medikamenten, Buchführung der Finanzen ... und was sonst noch so anfiel.

Eins war klar, ohne regelmäßige Kommunikation mit der 90 Autominuten entfernten Station in Arash würde die Arbeit ein Ding der Unmöglichkeit werden. Meine monatlichen Stippvisiten reichten nicht aus.

Ich wollte unbedingt die Dorfbewohner mit einbeziehen. Sie sollten von Anfang an das Gefühl haben, dass es *ihre* Gesundheitsstation war, nicht meine. Durch den Wegfall der Möglichkeit zu funken hatten bereits einige Kranke ihr Leben verloren. Wir brauchten eine neue Funkanlage für Notfälle. Doch die kostete mindestens 1.000 US-Dollar, und dafür gab es kein Budget. Auch besaß ich kein Geld, um einen Nachtwächter einzustellen, der auf das Funkgerät aufpassen sollte.

John und ich trommelten die Dorfältesten zusammen. Eindringlich erklärten wir ihnen, wir würden sie auch in der unsicheren Lage nicht allein lassen. Niemand außer uns fuhr noch nach Arash. Diese Tatsache rechneten sie uns hoch an. Nach einigen Gesprächen einigten wir uns: Wir als NMMU würden die Medikamente besorgen, mit deren Verkauf wir die Gehälter des Hilfsarztes Saruni und der Krankenschwester Sabina* bezahlen wollten. Das Dorf würde freiwillige *Morani*, Krieger, aufstellen, die die Nachtwache halten sollten. Die Bevölkerung sollte im Gegenzug die unbezahlten Wächter mit Essen versorgen. Jedes *Boma* plante außerdem, zwei oder drei Ziegen zu verkaufen. Der Erlös würde zur Anschaffung des neuen Funkgeräts benutzt werden.

Einige Wochen später besuchte mich der Bürgermeister von Arash. Stolz öffnete er seine Tasche und überreichte mir einen Berg schmutziger tansanischer Schillingnoten.

„Davon sollst du uns ein Funkgerät kaufen!"

Dieses Geld war durch viele Hände gegangen. Über 800.000 Schilling in 200-er, 500-er und 1.000-er Scheinen waren es. Gewissenhaft zählte ich nach – der Betrag stimmte. In Tansania, wo zu der Zeit ein Monatsgehalt etwa 30.000 Schillinge betrug, war diese Summe einfach gewaltig. In der Massai-Steppe trug für gewöhnlich niemand Geld bei sich. Die Bank der Massai sind ihre Tiere. Nur wenn jemand unbedingt Geld braucht, wird ein Tier verkauft. Mich überwältigte das Vertrauen und die Zuverlässigkeit dieser Menschen zutiefst.

Nur zu gern besorgte ich ihnen das Gerät und baute es ein. Dabei merkte ich, dass sie eine neue Solarbatterie brauchten. Auch diese beschaffte ich, und auch die bezahlten die Massai selbst. Die Installation der Anlage war etwas trickreich, denn jeden Abend musste das Funkgerät sicherheitshalber versteckt werden. Sehr gut funktionierte auch der Plan mit den Wächtern, denn immerhin bewachten sie ja ihr Eigentum.

Auf die neuen Mitarbeiter war Verlass. Sie managten den

Klinikbetrieb mit Krankenbehandlung und Impfprogramm bestens. Die weiten Wanderungen der Frauen mit ihren Kindern hatten nun ein Ende. Durch den Medikamentenverkauf zu Niedrigpreisen gelang es mir, die Mitarbeitergehälter zu zahlen. Nicht selten wurde mit dem neuen Funkgerät ein Krankenwagen oder in besonderen Notfällen sogar das Flugzeug des *Flying Medical Service* gerufen.

Bis zur Eröffnung der Gesundheitsstation hatte der als Ersatz-Arzt fungierende Lehrer einigen hundert Malariakranken das Leben gerettet. Dennoch war es schön, dass wir jetzt Fachpersonal in der Klinik hatten.

Die Dankbarkeit der Menschen für die gelungene Zusammenarbeit zwischen der NMMU und dem Dorf zeigte sich bei jedem unserer Besuche. Schon wenn die Menschen unser Auto von Weitem sahen, jubelten sie uns zu. Wie hätte ich diese Arbeit und diese Menschen nicht lieben können? Eine Gefahrenzulage gab es nicht, aber dafür das gute Gefühl, das Richtige zu tun und die Freude der Menschen zu sehen.

„Wageni ni baraka" – Gäste sind ein Segen –, so lautet ein tansanisches Sprichwort. Und so ist es nicht weiter verwunderlich, dass Besucher wie hohe Staatsgäste behandelt werden. Sprichwörtlich das letzte Huhn würde eine Familie schlachten, damit der Gast eine gute Mahlzeit serviert bekommt.

Auch ich liebte es, Gäste zu haben. Besonders geehrt fühlte ich mich, als eine 5-köpfige Delegation aus Henstedt-Ulzburg den langen Weg nach Tansania antrat. Renate, Heinz, Lissy, Wolfgang und Karin waren eigens angereist, um meine Arbeit kennenzulernen. Schon bei den Vorbereitungen auf den Buschtrip legten sie fleißig mit Hand an. So viel Hilfe war ich gar nicht gewohnt.

Als wir gemeinsam die Weiten der Serengeti durchquerten, begegnete uns ein klappriger Lastwagen. Wie üblich bremste ich für einen kurzen Austausch der neuesten Nachrichten.

„Hallo, wie geht's?", fragte mich der Fahrer.

„Gut, und dir?"

„Danke, gut."

„Wo kommst du her, wie ist die Straße und was gibt es Neues?", wollte ich wissen.

„Die Straße ist gut. Ich komme aus Arash. Danielis* dreijähriger Sohn ist in die Feuerstelle der Hütte gefallen, auf der gerade ein Topf Milch kochte. Er hat sich schwer dabei verbrannt."

„Danieli, der Ladenbesitzer?", fragte ich nach.

„Ja, genau der. Bitte fahr hin und nimm ihn mit ins Krankenhaus. Ich weiß nicht, ob er es sonst überlebt. Leider bin ich in der falschen Richtung unterwegs und hatte außerdem nicht genug Benzin für einen Umweg."

„Ich fahre auf jeden Fall hin", sicherte ich dem Mann zu.

Nach einem „Safari njema" – „Gute Fahrt" – setzten wir die Reise fort. Meine Gäste hatten natürlich nichts von dem Gespräch verstanden. Der Wagen war bis unter das Dach schwer beladen. Wir saßen vorne und in der Mitte jeweils zu dritt. Alle waren müde und freuten sich schon darauf, in wenigen Stunden bei mir zu Hause in Loliondo anzukommen.

„Seid ihr damit einverstanden, dass wir einen Abstecher nach Arash machen? Der LKW-Fahrer hat mir erzählt, der kleine Sohn eines Freundes habe sich schwer verbrannt und müsse ins Krankenhaus!"

Zwar fragten sich meine Gäste sicher, wo um alles in der

Welt noch jemand sitzen sollte, aber natürlich stimmten sie zu.

Nach einer Stunde erreichten wir die „Abfahrt" nach Arash. Es war mittlerweile stockdunkel. Das felsige Flussbett sah im Scheinwerferlicht schier unüberwindlich aus. Doch der schwer beladene Landcruiser schaffte die kniffelige Route völlig unbeschadet. Nicht einmal die hintere Stoßstange setzte in den kurzen, tiefen Gräben auf. Ohne Probleme fand ich den fast unsichtbaren Weg in das Dorf.

Kaum hatte ich angehalten, umringten uns schon einige Massai. „Gut, dass du kommst! Du musst Danielis Sohn helfen!", begrüßten sie mich.

„Ich weiß, deswegen bin ich ja hier."

Wie selbstverständlich machten meine Besucher den kleinen Fußmarsch zu Danieli im Taschenlampenlicht mit. Seine Freude über unser Kommen war unübersehbar. Schnell holte er den Kleinen herbei und ich ließ mir die Verletzung zeigen. Die Haut von Rücken, Gesäß und rechtem Oberschenkel war verbrannt und hatte sich abgelöst. Das rohe Fleisch leuchtete rot im Dämmerlicht der Petroleumlampe.

Ich wandte mich meinen deutschen Freunden zu: „Wir müssen ihn sofort ins Krankenhaus bringen. Sonst überlebt er nicht."

„Wie soll das gehen?"

„Wartet nur, das kriegen wir schon hin. In Afrika passt immer noch eine Person mehr ins Auto", sagte ich zuversichtlich. „Danieli, wir nehmen deinen Jungen mit nach Wasso ins Krankenhaus."

„Aber wir Eltern müssen mit!", warf der besorgte Vater ein.

„Nein, so viel Platz haben wir nicht. Vielleicht sollten wir deine Frau mit dem Kind jetzt mitnehmen und du kommst später nach. Was meinst du?"

„Einverstanden."

„Mama, bitte pack schnell deine Sachen", bat ich die besorgte Mutter.

Unser Gepäck flog mir beim Öffnen der Hintertür schon entgegen. Dennoch gelang es mir, die Tasche der Frau noch dazwischenzuquetschen, während meine Mitreisenden die anderen Gepäckstücke festhielten. Dann übernahm ich. Mit einer Hand drückte ich gegen die Ladung, mit der anderen knallte ich die Wagentür mit voller Wucht zu. Erst im allerletzten Augenblick ließ ich das Gepäck los, damit es nicht wieder herausfiel. Geschafft!

Die Deutschen setzten sich zu viert in die Mitte. Das war mehr als eng. Vorne nahmen wir mit drei Erwachsenen und dem schwerverletzten Kind Platz. Danieli half uns von außen, indem er mit Schwung die Autotür zuschlug.

„Seht ihr? Es geht! Wir passen alle rein", freute ich mich.

Nur mit Mühe konnte ich die Gänge einlegen. Aber das war nebensächlich.

Schon nach knapp zwei Stunden vorsichtiger Fahrt erreichten wir das Krankenhaus. Die Mutter und ihr Kind stiegen aus. Alle Mitfahrer nutzen die Gelegenheit, um ihre steifen Knochen zu strecken. Wenig später kehrten wir müde, aber zufrieden, bei mir zu Hause ein.

Am folgenden Tag unterhielten wir uns beim Frühstück über unseren zweitägigen Einsatz in Arash. Gemeinsam mit meinen Gästen wollte ich der Gesundheitsstation einen neuen Anstrich verpassen. Aber mich plagten Gedanken an die *Shiftas*. Meine Besucher hatten keine Ahnung, wie unsicher die Lage war. Auf keinen Fall wollte ich sie in Gefahr bringen. Andererseits fand ich die Situation nicht mehr so akut bedrohlich. Ihre Hilfe würde die Gesundheitsstation eine ganze Ecke weiterbringen. Sollte ich sie nun unnötig beunruhigen?

Ich entschied mich, das unbequeme Thema offen anzusprechen. „Ob wir wirklich nach Arash fahren, möchte ich euch überlassen. Denn wir haben momentan ein Problem mit bewaffneten Überfällen in der Gegend“, begann ich zu erklären. In allen Einzelheiten beschrieb ich ihnen dann, was bisher vorgefallen war. Zu meiner Überraschung ließen sich die erfahrenen Leute nicht abschrecken.

Wolfgang, der Polizist, schlug jedoch vor: „Wir können trotz allem in Arash arbeiten. Aber Zelten halte ich unter den gegebenen Umständen für unklug. Nachts sollten wir sicherheitshalber hier in Loliondo schlafen.“

Seine Aussage fand Zuspruch bei uns allen. Freudig packten wir. Auf dem Weg machten wir eine Stippvisite im Krankenhaus bei dem verbrannten Jungen. Unserem kleinen Patienten ging es den Umständen entsprechend gut. Sicher würde er wieder ganz gesund werden.

Unterwegs nach Arash nahm ich so viele trampende Massai mit, bis das Auto voll war.

„Wisst ihr“, sagte ich zu meinen deutschen Freunden, „das ist hier so üblich. Wer ein Auto hat, hilft den Leuten mit einer Mitfahrgelegenheit. Im Unterschied zu mir lassen sich die meisten anderen Fahrer diese Hilfe allerdings bezahlen.“

Zehn Kilometer vor dem Ziel bettelten einige Schulkinder darum, mitfahren zu dürfen.

„Na gut, klettert auf den Dachgepäckträger. Aber haltet euch gut fest!“, sagte ich den Kindern.

So schnell konnte ich kaum gucken, da waren sie schon oben. Sie klammerten sich auf der holprigen Strecke gut fest und zogen ihre Köpfe unter jeder dornigen Akazie ein. Immer, wenn ich fragte: „Ist da oben alles in Ordnung?“, lachten sie laut vor Vergnügen und riefen: „Ja, Sister.“

Bei der Gesundheitsstation eingetroffen, nahm mich der entsetzte Danieli in Empfang. Stockend brachte er heraus:

„Sister, heute bei Tagesanbruch haben mich die *Shiftas* ausgeraubt!"

„Was ist genau passiert?", fragte ich nach.

„Fünf Somalis kamen in mein Haus. Zwei drohten mit Schnellfeuergewehren. Mir blieb nichts anderes übrig, als ihnen mein ganzes Geld zu geben. Aber das reichte ihnen nicht. Sie zwangen mich, mit ihnen zu meinem Laden zu gehen, und bedienten sich dort auch noch", schilderte der Beraubte.

„Und wo sind sie jetzt?", wollte ich wissen.

„Abgehauen. Auf dem Weg aus dem Dorf schossen sie noch zwei Hunde ab, und dann flohen sie in den Busch."

„Habt ihr euch gewehrt?", wollte ich wissen.

„Wir hatten keine Chance. Was hätten die Massai mit ihren Speeren und Messern gegen Kalaschnikows ausrichten sollen?"

Augenblicklich informierte ich meine deutschen Gäste über die neusten Ereignisse. Natürlich bot ich an, zurückzufahren. Sie wollten aber bleiben und meinten, die Somalibanditen seien derzeit auf der Flucht. So spannend hatte ich mir meinen Einsatz mit den deutschen Besuchern wirklich nicht vorgestellt.

In nur zwei Tagen waren alle vier Räume der Station angestrichen. Die Aktion fand unter den Augen der Massai statt. Völlig beeindruckt von der zügigen Arbeitsweise beobachteten sie die *Wazungu* – die Weißen – bei jedem Handgriff. Die Ölfarbe deckte all den hartnäckigen Dreck der Jahre hervorragend ab. Hoffentlich würde es nie wieder so schmutzig werden. Sabina, die neue Krankenschwester, versprach, die Wände von nun an sauber zu halten.

John freute sich über die frisch aussehenden Räume und meinte zu mir: „Siehst du nun, Sister, Gäste sind ein Segen!"

Ein Jahr später traf der nächste Gästesegen für Arash ein. Eine 10-köpfige amerikanische Jugendgruppe reiste nach Tansania, um uns bei weiteren Renovierungsarbeiten zu helfen. Für die jungen Leute war es eine Gelegenheit, Land und Leute kennenzulernen und gleichzeitig ein gutes Werk zu tun. Zunächst hatten sie ihre Zelte in der Nähe von Arusha aufgeschlagen.

Hektisch lief ich von einem Kirchenbüro zum anderen. Keiner konnte mir helfen, doch die Amerikaner warteten auf mich. Am nächsten Tag sollte ich mit ihnen nach Arash fahren. Da war nur ein Haken an der Sache: Ich hatte kein Auto. Mein Unfall lag erst einige Monate zurück. Leider wurde das mir versprochene Gästeauto anderweitig gebraucht und mein neues Auto ließ auf sich warten. Und nun? Wie immer in solchen Notlagen wendete ich mich an Gott: „Herr, du weißt alles. Bitte hilf uns doch!"

Für fünf Leute charterte ich kurzerhand die kleine Cessna beim *Flying Medical Service*. Sie sollten zeitgleich mit mir in Arash eintreffen. Aber wie sollte ich die restlichen sechs Gäste und bergeweise Gepäck mit Campingausrüstung, Farbe und Werkzeuge befördern?

Ein Kirchenangestellter stürmte gegen 17 Uhr auf mich zu. „Sister, soeben ist ein Fax von Pastor Ludwig eingetroffen. Er bleibt länger in Deutschland als geplant. Du kannst sein Auto benutzen."

Das war der allerletzte Drücker! Erleichtert stieg ich ein, dankte Gott und fuhr ins Camp der Amerikaner.

Gemeinsam packten wir alles ein. Die *Safari*, die Reise, verlief gut bis an den Serengetirand. Hier hielt ich an, weil wir picknicken wollten. Lange, staubige Stunden lagen hinter und vor uns. Da passierte es – ein falscher Schritt rückwärts aus dem Auto, mein Fuß knickte um und ich lag im Staub. Die anderen eilten mir zu Hilfe. Instinktiv fassten sie meinen Fuß an.

„Nein!", schrie ich sie schmerzverzerrt an. „Nicht anfassen. Es tut so weh. Gebt mir bitte lieber etwas, was ich unter meinen Kopf legen kann."

Krumm vor Schmerzen lag ich im 20 Zentimeter tiefen Puderstaub. Hilflos umringten mich die anderen. Als der Schmerz ein wenig nachließ, biss ich die Zähne zusammen und rappelte mich auf. Vorsichtig drehte ich meinen Fuß in alle Richtungen. Es tat weh, aber es ging.

„Soll ich weiterfahren?", bot Dan, der Gruppenleiter, an.

„Vielen Dank für dein Angebot. Aber dieser Wagen gehört nicht mir und du bist unsere Wege nicht gewohnt. Wir sind so schwer beladen; ein Loch falsch genommen, und uns brechen die Blattfedern durch. Dann stehen wir dumm da. Ich schaffe das schon irgendwie", erwiderte ich.

Um keine kostbare Zeit zu verlieren, verzichtete ich darauf, einen Verband zu suchen. Barfuß, nur mit der Sandale am Fuß, trat ich die Kupplung. Ein stechender Schmerz schoss durch mein Fußgelenk. Nur mit Mühe unterdrückte ich einen Aufschrei.

So selten wie möglich, aber doch recht häufig, wechselte ich die Gänge. Als wir etwa drei Stunden später in Arash ankamen, sah mein Fuß aus wie ein aufgeblasener Luftballon. Selbst Humpeln fiel mir schwer.

„Hallo, wo wart ihr denn so lange?", begrüßten uns die jungen Leute, die mit der Cessna geflogen waren.

„Die Autofahrt dauert eben länger als Fliegen. Seid ihr schon lange da?", erkundigte sich Dan.

„Ein paar Stunden. Der Flug war klasse. Die Massai hier haben uns vom Landestreifen abgeholt. Sie trugen sogar unsere Rucksäcke für uns."

Nach dem Abladen und einer kurzen Besprechung ließ ich die amerikanischen Freunde allein in Arash zurück. So konnten sie ohne mich ihre eigenen kulturellen Erfahrungen machen. Viel Arbeit hatten sie sich für diese eine

Woche vorgenommen. Sie wollten die Gesundheitsstation von außen und das Mitarbeiterhaus von innen streichen.

Neue Mitfahrer nach Loliondo fanden sich sofort. Als ich zu Hause ankam, versorgte ich meinen zum Platzen dicken Knöchel und Fuß erst mal mit Salbe und einem Verband.

Am nächsten Morgen konnte ich zuerst nicht auftreten. Doch mit dicker Stützbinde und den schweren Stiefeln, die ich sonst zum Motorradfahren benutzte, ging es einigermaßen, und so hinkte ich vorsichtig ins Büro. Ich schaltete das Funkgerät ein, um mich mit Arash in Verbindung zu setzen. Eine fremde Stimme bat gerade den *Flying Medical Service*, in ein Dorf zu kommen, da jemand wahrscheinlich wegen eines Bänderrisses ins Krankenhaus geflogen werden sollte. Am liebsten hätte ich darum gebeten, mich gleich mitzunehmen. Aber ich konnte doch meine Gäste nicht im Stich lassen.

Dan klang am Funkgerät sehr zufrieden und berichtete mir: „Die jungen Leute sind schon voll bei der Arbeit. Sabina spricht gut Englisch. Wir verstehen uns gut. Heute Nachmittag spielen wir Fußball mit den Schulkindern. Danach besuchen wir die Massai in den *Bomas*."

„Hört sich gut an. Bitte grüß alle von mir. Wann braucht ihr Nachschub an Lebensmitteln?", erkundigte ich mich.

„Übermorgen wäre gut."

„Okay, ihr könnt mit mir rechnen", versicherte ich Dan.

Die Sache mit meinem Knöchel gefiel mir nicht. Im Wasso-Hospital fragte ich telefonisch an: „Ihr habt doch ein Röntgengerät. Funktioniert das auch?"

„Ja, Sister! Es arbeitet tadellos, obwohl es schon so alt ist. Es stammt noch aus dem Zweiten Weltkrieg", erklärte mir stolz ein Krankenhausmitarbeiter.

Mein Bedarf einer genauen Diagnostik war plötzlich gedeckt. Auf diese Strahlendosis konnte ich verzichten. Lieber ordnete ich mir selbst eine konservative Therapie mit Ruhigstellung des Gelenkes durch einen Verband und festes Schuhwerk an. Damit arbeitete ich einfach weiter.

Die Schmerzen dauerten noch Monate an, wurden jedoch immer erträglicher. Nach einem halben Jahr war es überstanden.

Wie abgesprochen belieferte ich die jungen Leute zwei Tage später mit Lebensmitteln. Kaum war ich angekommen, hagelte es Begeisterungsausbrüche.

„Du, Christine, heute haben die Krieger uns Speerwerfen beigebracht. Echt cool! Und das Kochen auf der offenen Feuerstelle ist total abgefahren!"

„Mir gefallen die Massai! Sie sind total nett zu uns", warf ein anderer ein.

„Ja, sie bewachen uns sogar nachts mit vier Wächtern, weil sie der Überzeugung sind, so viele Weiße auf einem Haufen könnten Diebe anziehen."

„Wenn wir in der Nähe ihrer Hütten entlanggehen, laden sie uns einfach so zum Tee ein."

„Und Sabina, die ist einfach spitze. Sie hilft uns beim Streichen und kocht ab und zu für uns. Was sie anfasst, gelingt. Außerdem übersetzt sie alles. Ohne ihre Hilfe könnten wir uns nicht verständigen."

Die Woche verging viel zu schnell, und der Abschied fiel schwer. Den jungen Amerikanern hatte sich eine ganz neue Welt erschlossen. Die Bürger von Arash und die Mitarbeiter waren stolz auf ihre neue Gesundheitsstation. Die einst schwarzen Wände waren nun sauber, hell und, das Wichtigste: abwaschbar. Einmal mehr hatte sich das tansanische Sprichwort bewahrheitet: Gäste sind ein Segen.

Die *Shiftas* machten uns noch einige Zeit zu schaffen. Leider wurden ihre Übergriffe immer häufiger und aggressiver. Sie gipfelten in der brutalen Hinrichtung einiger Massai und der Ermordung von John Mejoli, dem evangelischen Pastor in Malambo.

An dieser Stelle griff die tansanische Regierung nun nicht mehr nur mit Polizeieinsätzen ein, sondern mit dem Militär. Das geschah kurz nach meiner Rückkehr nach Deutschland. In wenigen Monaten stellten sie Recht und Ordnung wieder her. Viele positive Berichte über den Militäreinsatz erreichten mich. Auch bildeten die Soldaten an jedem Ort Bürgerwehren aus, die auch nach Abzug der Berufssoldaten der Bevölkerung Schutz bieten würden.

Kapitel 10

GESCHLACHTETE AUGEN

„Sister, ich habe dich in den Dörfern rund um den Empakai-Krater angekündigt. Alle freuen sich schon auf dich“, hieß mich der Evangelist Filipo* willkommen.

Mich überraschte Filipos Begrüßung, hatte ich ihm gegenüber doch nur mal nebenbei erwähnt, dass ich ins Ngorongoro-Hochland kommen wollte. Eine Zusammenarbeit war nicht abgesprochen gewesen.

„Wie bist du denn da hingekommen?“, fragte ich ihn, da ich wusste, dass er weder Auto, Motorrad noch Fahrrad besaß.

„Zu Fuß!“

„Aber ist das nicht total weit?“

„Es waren ungefähr hundert Kilometer. Aber als ich hörte, dass du kommst, musste ich einfach los. Überall habe ich den Leuten erzählt, dass du unterwegs bist, um ihre Kranken zu behandeln, die mobile Augenklinik aufzumachen und ihnen die gute Nachricht von Jesus zu bringen. Endlich bist du da! Die Leute können es kaum erwarten, bis du endlich zu ihnen kommst.“ Filipo strahlte mich erwartungsvoll an.

„Wie viele Dörfer sind es denn?“, erkundigte ich mich vorsichtig.

„Du wirst in Nainokanoka, Alalilai, Bulati und Naiyobi erwartet. Die Einwohner haben Ziegen für dich und dein

Team gespendet. Wenn ihr kommt, werden sie geschlachtet und für euch geröstet!", berichtete der junge Mann mir stolz.

Meine Absicht war es eigentlich nur gewesen, einen einwöchigen Erkundungstrip durchzuführen. Das konnte ich mir nun nach Filipos Vorarbeit abschminken. Das absolute Minimum pro Dorf waren drei bis vier Einsatztage. Dazwischen lagen mir völlig unbekannte Wegstrecken. Vier Tage davon hatte ich bereits in Ngorongoro aufgebraucht.

„Filipo, danke für deine hervorragende Vorarbeit. Aber leider fürchte ich, ich habe keine ausreichenden Vorräte an Medikamenten, Nahrungsmitteln und Brillen mitgebracht."

„Heißt das, du willst nicht in alle Dörfer gehen? Sister, du darfst die Menschen nicht enttäuschen!", unterbrach er mich.

„Nein, keine Sorge. Nach dem ersten Einsatz fahre ich nach Loliondo und hole Nachschub. Das bedeutet aber zwei Tage Unterbrechung."

„Dann bin ich ja beruhigt. Auf ein paar Tage kommt es nicht an. Hauptsache, ihr kommt."

Auf diesem Einsatz begleiteten mich meine tansanische Freundin Esther*, Mirja, meine Praktikantin, und Noongishu*, eine junge Krankenpflegehelferin. Zwei Jahre nachdem John und ich die Arbeit der mobilen Klinik begonnen hatten, war Noongishu zu uns gestoßen. Die freundliche und zuverlässige Frau bereicherte unser Team enorm.

Außerdem hatte mir mein Vorgesetzter eine zweite Krankenschwester zugeteilt, Schwester Sara*. Dank ihrer

Fachkenntnisse in Augenheilkunde konnte ich sie getrost allein in Loliondo lassen, um unsere Augenambulanz weiterzuführen. Kompetent untersuchte und therapierte sie selbstständig alle Hilfe suchenden Patienten.

Während ich in Ngorongoro unterwegs war, besuchte John eine Weiterbildung zum Projektmanager. Sechs Jahre gemeinsamer Aufbauarbeit lagen hinter uns. Der Abschluss meiner „Hilfe zur Selbsthilfe“ stand kurz bevor: Die mobile Klinik sollte „afrikanisiert“ werden und unter einheimischer Regie weiterlaufen. Ohne Zweifel war mein Kollege der Arbeit voll gewachsen. Schrittweise hatte ich ihm immer mehr Verantwortung übertragen, und er meisterte alle Herausforderungen problemlos. Der Kurs sollte ihn dazu noch in administrativen Dingen fit machen.

So war nun ein ungewöhnliches Team mit mir unterwegs: Statt der erfahrenen Kollegen John und Sara begleiteten mich eine deutsche Praktikantin, meine unerfahrene Kollegin Nongishu und eine Tansanierin ohne jegliche medizinische Erfahrung. Für die junge und sonst eher zurückhaltende Kollegin hieß es mehr Verantwortung zu tragen.

„Geht da nicht hinein! Sie schlachten eure Augen!“, verbreitete eine uralte Massai-Frau unter den anderen Kranken vor der Tür. Die Frischoperierte hatte nichts Besseres zu tun, als den anderen Wartenden Angst einzujagen.

Im Klassenzimmer der Grundschule operierte ich die nächste Trachom-Patientin. Zwei zusammengeschobene Schulbänke dienten als Operationstisch; die quer davor gerückte Bank war meine Sitzgelegenheit. Tief nach vorn gebeugt saß ich über der zweiten Patientin. Der eisige Wind blies durch das offene Fenster auf die Frau und mich. Mir war kalt. Aber nur hier war es hell genug für die kniffelige Operation an den Augenlidern. Einige Schüler scharten sich von außen am Fenster zusammen und schauten mir zu.

„Ja, seht euch das gut an!“, forderte ich sie auf. „Wenn ihr nicht jeden Morgen und Abend eure Gesichter wascht, werde ich dasselbe später mal mit euch machen.“

„Wieso denn?“

„Weil eure Augen sich immer wieder entzünden und die Augenlider vernarben und sich deshalb nach innen drehen. Die Wimpern scheuern so lange auf den Augen herum, bis sie blind werden. Durch diese Operation kann das Augenlicht erhalten bleiben“, erklärte ich den wissensdurstigen Kindern.

„Aber meine Oma rupft sich die Augenwimpern immer mit einer Pinzette raus“, konterte ein Junge. „Dann kann doch nichts passieren!“

„Im Gegenteil! Die nachwachsenden Wimpern sind besonders spitz und scharf und zerstören die Augen noch schneller. Die einzige Möglichkeit, deine Oma vor dem Blindwerden zu schützen, ist diese Operation. Es wäre am besten, wenn du sie herbringst. Du und deine Freunde, ihr seid jung. Wenn ihr euch regelmäßig die Gesichter wascht, bekommt ihr dieses Problem gar nicht erst“, belehrte ich die Schüler.

„Hilft Augen waschen wirklich so viel?“, ging der Wortführer der Sache auf den Grund. Seine weit aufgerissenen Augen machten ganz klar: Er wollte nicht operiert werden.

„Ja, das stimmt. Wenn du jeden Morgen und jeden Abend dein Gesicht wäschst, brauchst du keine Angst vor dieser Augenkrankheit zu haben.“

Den Schülern war anzusehen, dass sie meinen Ausführungen glaubten. Ich fragte mich, warum ich nicht viel eher auf diese Idee gekommen war und während des Operierens Gesundheitsunterricht am Fenster gegeben hatte. Es war ohnehin vergebliche Liebesmüh, Zuschauer fernzuhalten.

Plötzlich öffnete sich die Tür einen Spalt breit, und ich hörte Esther rufen: „Sister!"

„Ja, was ist?"

„Deine Augenpatienten laufen dir alle weg. Die Koko jagt ihnen Angst ein und behauptet, wer hier hineingeht, bekommt die Augen geschlachtet."

„Sind noch welche da?"

„Wenige. Vielleicht lassen sie sich von dir aufhalten. Auf mich hören sie nicht."

Blitzschnell beendete ich die OP und bat Nongishu, den Verband anzulegen. Als ich vor die Tür ging, hatten noch mehr Patienten das Weite gesucht. Und drei alte Leute wollten gerade aufbrechen.

„Halt! Wenn ihr jetzt nach Hause geht, werdet ihr blind!", sagte ich eindringlich.

„Du hast uns nicht gesagt, dass du unsere Augen schlachtest!", warfen sie mir vor.

„Ehrlich, ich rühre eure Augen nicht an! Sondern ich muss lediglich eure Augenlider auseinanderschneiden und neu zusammennähen, sonst werdet ihr blind."

„Also schneidest du doch an unseren Augen herum! Das tut sicher weh!"

„Bevor ich euch operiere, gebe ich euch eine Spritze. Dann merkt ihr nichts davon, versprochen. Und für hinterher gebe ich euch Schmerztabletten mit nach Hause. Ihr werdet keine Schmerzen haben."

„Aber du hast der anderen Frau einen Verband angelegt. So kann sie nichts sehen!"

„Das ist nur bis morgen früh. Und ich bringe euch alle mit dem Auto nach Hause. Morgen komme ich dann wieder und nehme die Verbände ab."

„Stimmt das auch wirklich, was du sagst?", fragten sie weiter.

„Ja. Meint ihr, ich bin von so weit gekommen, nur um euch zu schaden und nicht zu helfen?"

Zögernd willigten sie doch noch ein. Sofort nahm ich die nächste Patientin mit in das Klassenzimmer und setzte mein Operationsprogramm fort.

Damit uns nicht noch ein Patient verloren ging, ließen meine Kolleginnen und ich sicherheitshalber die Frischoperierten nicht mehr raus zu den anderen. Auch entschloss ich mich, an allen anderen Orten auf diese Weise vorzugehen. Hier in Nainokanoka konnte ich wenigstens fünf Leute davor bewahren, blind zu werden.

An sechs Einsatzorten im Hochland von Ngorongoro behandelten mein Team und ich in diesen Tagen 600 Augenpatienten, untersuchten 680 Schulkinder, verhalfen 30 Patienten zu einer Brille und operierten über 30 Menschen, die bis auf einen sehr traurigen Fall nicht erblindeten.

Als der Nebel noch tief in den Bergen hing, machten wir uns früh am nächsten Morgen auf den Weg zu den Hütten unserer Patienten. Sobald die Bewohner unser Auto sahen, führten sie die Frischoperierten ins Freie. Der Wind pfiff durch die roten Tücher, mit denen sie bekleidet waren. Die feuchte Kälte erinnerte mich an einen Novembertag in Deutschland. Unvorstellbar, wie diese Menschen so dünn bekleidet selbst den afrikanischen Winter bei Frost überstanden. Hier auf den Hochebenen schneite es im Juli manchmal sogar.

Kaum stand der Landcruiser, sprang ich hinaus und stürmte auf die Leute zu, um mir das Ergebnis meiner Arbeit vom Vortag anzusehen.

„*Koko*“, „Oma“, sprach ich die Erste an.

Mit einem kräftigen „Eeyo“ erwiderte sie auf Massai-Weise meinen Gruß.

„Hast du gut geschlafen?“

„Ja.“

„Hast du Schmerzen?“

„Nein.“

„Dann nehme ich dir jetzt mal den Verband ab“, erklärte ich ihr.

Langsam wickelte ich die Mullbinde ab und entfernte dann behutsam die Kompressen von beiden Augen. Vor Angst kniff die Alte ihre Augen zu, so fest sie nur konnte.

„Öffne deine Augen!“, forderte ich die *Koko* auf.

Zögernd folgte sie meiner Anweisung. „Das tut gar nicht weh ... und ich sehe!“, freute sie sich.

„Das habe ich dir doch versprochen.“

Noch sahen die frisch umgeklappten Augenlider ziemlich furchtbar aus – sie waren geschwollen und leuchteten blutrot.

Mirja wollte gleich wissen: „Christine, bleibt das so?“

„Nein, keine Sorge, in ein bis zwei Wochen sieht man nichts mehr von der OP.“

Nach der Säuberung der Augen zeigte ich den Verwandten der alten Frau, wie sie die antibiotische Augensalbe zweimal täglich anwenden sollten. Eindringlich warnte ich sie, nicht an den Fäden herumzufummeln. Es handelte sich um resorbierbare Fäden. Würden die Leute versuchen sie zu ziehen, wäre der Erfolg der Operation dauerhaft dahin.

Nachdem wir bei allen Patienten die Verbände entfernt hatten, zündeten wir ein kleines Feuer an. Nongishu warf die blutigen Verbände in die Flammen. Insgeheim schmunzelte ich über diese afrikanische Art der „Problemmüllentsorgung“.

„Mungu ni pendo“ – Gott ist die Liebe – sangen Filipo, Esther, Mirja, Noongishu und ich in Bulati aus voller Kehle zur Gitarre. An diesem Ort existierte keine Kirche. Der einzige Christ hier hieß Matayo und wurde nicht selten einfach fortgejagt oder verprügelt, wenn er über Glaubensdinge sprach. Die vor der Grundschule versammelten Massai beobachteten uns skeptisch, aber aufmerksam. Für heute waren wir die Attraktion in ihrem Dorf. In dieser entlegenen Gegend am Empakai-Krater kamen selten Menschen vorbei, die einfach nur helfen wollten.

Filipo ergriff nach unserem Lied das Wort. „Wie ich euch versprochen habe, habe ich euch heute Sister Christine und ihr Team mitgebracht. Sie arbeitet als Missionarin für die evangelische Kirche und ist Augenspezialistin. Sicher werden sie und ihr Team euch gern helfen. “

Interessiert musterten mich viele Augenpaare.

„Wir haben *Gott ist die Liebe* gesungen. Das ist der Grund, warum wir heute hier sind“, erklärte ich den Menschen. „Ja, Gott liebt euch. Davon bin ich überzeugt. Deswegen habe ich mein Land, meine Familie und meine Freunde verlassen, um euch diese gute Nachricht zu sagen. Gott liebt euch und darum wollen wir euch heute helfen. Mein Team und ich werden alle Augenkranken untersuchen und behandeln. Und wenn ihr mehr über diesen Gott wissen wollt, könnt ihr gerne mit Filipo sprechen.“ Zum Team gewandt sagte ich leise: „Lasst uns anfangen!“

In wenigen Minuten lief der Betrieb.

Draußen an die Wand der Schule hängten Esther und Mirja zwei Lesetafeln zum Sehtest auf. Die Patienten stellten sich im Abstand von sechs Metern dazu auf. Erst hielten sie das linke Auge mit der linken Hand bedeckt und versuchten, Reihe für Reihe auf der Tafel zu entziffern. Dann folgte das andere Auge. Sobald der Untersuchte etwas nicht mehr erkennen konnte, riefen ihm alle Umstehenden die richtige Antwort zu.

„Bitte sagt nicht vor!", unterbrach Filipo sie.

„Aber wir helfen ihm doch nur."

Geduldig erklärte Filipo den selbst ernannten Helfern, dass ihre Einmischung ein korrektes Untersuchungsergebnis verhinderte. Das sahen sie ein. Allerdings rutschte doch so ab und zu noch jemandem ein kleiner Tipp heraus.

Filipo notierte den Namen und die Sehfähigkeit jedes Getesteten auf ein Stück Papier. Mit diesem Zettel in der Hand betrat die Person das Klassenzimmer. Noongishu und ich untersuchten jeden Einzelnen ausgiebig und behandelten endlose Schlangen von Patienten. Wieder identifizierten wir einige Fälle, die dringend operiert werden mussten. Mit all meiner Überzeugskraft versuchte ich sie dazu zu bringen, am nächsten Tag zur Operation zurückzukommen.

Mit einem Baby an der Brust betrat eine junge Mutter unsicher den Raum. Sie reichte mir Filipos Zettel. Darauf stand, was ich schon ahnte: Auf dem linken Auge war sie vollständig blind, mit dem rechten Auge konnte sie nur noch mit Mühe aus einem Meter Entfernung Finger zählen. Laut Definition der Weltgesundheitsorganisation war sie blind, denn ihr Sehvermögen lag unter drei Metern.

„Blinde sterben früh", schoss es durch meine Gedanken. Aus meinem Augenkurs wusste ich, diese Frau hatte ohne Augenlicht keine lange Lebenserwartung mehr. *Und wie soll sie ihr Kind großziehen?*, fragte ich mich.

Ihr rechtes Auge eiterte stark. Alle Wimpern des oberen und unteren Augenlids rieben auf dem Auge. Was sollte ich tun? In ein akut infiziertes Auge hineinzuoperieren war riskant. Zeit für eine vernünftige Vorbehandlung gab es nicht. Auch hatte ich lediglich die Operationsmethode für das obere Augenlid gelernt. Noch nie war mir so ein schwerer Fall begegnet.

„Noongishu, sieh dir dieses Auge an!“

„Das sieht furchtbar aus, Sister. Was willst du machen?“, fragte sie mich auf Swahili.

Die junge Mutter verstand kein Wort. Sie sprach nur *Maa* – die Massai-Sprache.

„Wenn ich sie nicht operiere, wird sie in wenigen Wochen für immer blind sein. Aber wenn ich das Oberlid mache, muss ich das untere Lid auch korrigieren. Das habe ich aber nicht gelernt. Außerdem ist das Auge so entzündet, dass ich beim besten Willen nicht weiß, was dabei herauskommen wird.“

„Ja, aber wenn du es nicht versuchst, dann ist sie bald ganz blind.“

Noongishu sprach aus, was ich dachte: Schlimmer machen konnte ich es nicht. Ich gab der Frau eine starke Augensalbe und sagte: „Bitte mach diese Medizin stündlich in dein Auge und komm morgen wieder zur OP.“

Pünktlich erschien sie am nächsten Morgen. Ihr Auge sah leider kein bisschen besser aus als am Vortag.

Dem guten Beispiel von Dr. Isseme folgend faltete ich vor der Operation meine Hände und betete um gutes Gelingen. Schritt für Schritt operierte ich das obere Augenlid. Und dann wagte ich mich voller Anspannung an das untere Lid. Zu meinem eigenen Erstaunen meisterte ich die Herausforderung gut. Erleichtert atmete ich auf, als es geschafft war.

Bei der Kontrolle am nächsten Morgen zeigten sich keine Besonderheiten. Sicherheitshalber verordnete ich der jungen Mutter eine zusätzliche Tube Augensalbe.

Zwei Wochen später, nach Einsätzen in umliegenden Dörfern, besuchte ich wieder das kleine Kaff Bulati.

„Du hast meine Augen verdorben!“, schimpfte mich eine ältere Frau laut aus.

Schockiert schaute ich mir ihre Augenlider an. Entgegen

meiner ausdrücklichen Anweisung hatte sie die Fäden gleich nach der OP entfernt. Die Augenlider waren daraufhin falsch zusammengewachsen. Statt nach außen standen die Wimpern jetzt nach innen, noch schlimmer als vor der Operation. Meine Arbeit an ihr war zunichtegemacht. Sie selbst trug die unausweichliche Konsequenz, dass sie jetzt blind werden würde, litt unter unsagbaren Schmerzen – und machte mich für ihre Lage verantwortlich. Schimpfend lief sie davon. Ich stand da wie vom Blitz getroffen und schaute ihr nach.

„Sister, sie hat dem *Laiboni*, dem Medizinmann, mehr vertraut als dir. Selbst hat sie sich diese Fäden bestimmt nicht gezogen. Das hat der *Laiboni* für sie erledigt. Du kannst nichts dafür!", versuchte Filipo mich zu trösten.

Dennoch fühlte ich mich verantwortlich, und Traurigkeit wollte mich ergreifen. Da sah ich die junge Mutter, die ich am oberen und unteren Augenlid operiert hatte, strahlend auf mich zukommen. Ihr Schritt schien sicherer. War das möglich? Eine zerstörte Augenhornhaut regeneriert sich für gewöhnlich nicht wieder.

„Du hast mir so geholfen! Danke!" Ihr strahlendes Lächeln steckte mich an.

Um meine Neugier zu befriedigen, machte ich den Fingerzähltest. Ohne Zögern zählte die junge Frau meine Finger aus einem Meter Entfernung, dann aus zwei Metern, aus drei Metern und schließlich aus vier Metern.

„Ich kann nicht nur besser sehen, sondern die quälenden Schmerzen, die mich Tag und Nacht plagten, sind auch weg!", berichtete sie mir glücklich.

„Das freut mich. Damit es lange so bleibt, denk bitte daran, deine Augensalbe jeden Abend und Morgen anzuwenden, bis sie verbraucht ist. Aber noch wichtiger ist, dass du dir dein Gesicht von nun an zweimal täglich wäschst."

„Ja, Sister, das werde ich tun."

„In Karatu, Arusha und Moshi gibt es Augenärzte. Ich weiß, das ist sehr weit von hier. Aber du kannst nur noch mit einem Auge etwas sehen, deshalb musst du dich gut darum kümmern. Solltest du Schwierigkeiten damit haben, dann mach dich bitte auf den Weg zur Behandlung“, riet ich ihr.

Mit einem Kopfnicken stimmte sie mir zu, bevor ich mich aus Bulati verabschiedete. Als alle Kollegen im Auto saßen, fuhr ich mit gemischten Gefühlen ab. Die schimpfende *Koko* wollte mir nicht aus dem Kopf gehen.

In Alalilai, mitten in der Augensprechstunde, hörte ich eine Stimme rufen: „Sister, seid ihr soweit?“

„Was gibt es?“, erkundigte ich mich.

Die Tür öffnete sich und der Rektor trat ein. „Das Essen ist fertig. Sicher habt ihr Hunger“, teilte er mir mit.

„Danke, aber wir haben noch Patienten …“

„Die können warten!“, unterbrach er mich. „Erst müsst ihr essen, damit ihr wieder zu Kräften kommt. Die Ziege ist schon für euch geröstet. Wenn ihr die gegessen habt, könnt ihr weiterarbeiten.“

Das ließ sich niemand zweimal sagen. Schnell machten wir uns auf den Weg zum Lehrerhaus. Der Rektor führte uns in das mit hellblauer Ölfarbe gestrichene Wohnzimmer. Wir nahmen Platz auf den klapprigen Stühlen und Hockern rund um den winzigen Holztisch. Unsere kleine Sitzrunde wirkte fast verloren in dem sonst möbellosen riesigen Zimmer.

Dann betrat die Frau des Hauses mit ihrer Tochter die gute Stube. Sie reichte Filipo die Seife und übergoss seine

Hände mit warmem Wasser aus ihrem Krug. Die Tochter fing das Wasser mit einer Schüssel auf und reichte ihm das Handtuch.

Als wir uns alle die Hände gewaschen hatten, trat ein anderer Lehrer ein. Mit beiden Händen hielt er einen toilettendeckelgroßen Blechteller. Vorsichtig balancierte er den dampfenden Berg Ziegenfleisch, dann platzierte er den Leckerbissen mitten auf dem Tisch. Messer und Gabeln gab es nicht, aber die waren sowieso überflüssig. Um die Wette aßen wir die mundgerechten Stücke mit unseren frisch gewaschenen Händen alle von einem Teller. Ziege pur – das war unser Mittagessen. Dazu servierten uns die Gastgeber „Sodas“, damit sind Coca Cola, Fanta und Sprite in kleinen Flaschen gemeint. Ein echtes Festessen!

Selbst Mirja, die als Vegetarierin zu mir gekommen war, langte ordentlich mit zu. Sie passte sich der Massai-Kultur an, so gut sie konnte.

Überhaupt freute ich mich sehr über sie, wie auch über alle anderen Praktikantinnen, die meine Arbeit zu unterschiedlichen Zeiten begleiteten. Die jungen Leute brachten stets frischen Wind in den Alltag und halfen mir fleißig bei der Arbeit. Das ökumenische Jugendprogramm meiner Missionsgesellschaft war doppelt gut: Den jungen Leuten bot es die Möglichkeit, Leben und Arbeiten in einer anderen Kultur kennenzulernen, und ich bekam nette Hilfe.

Jutta, die auch im Rahmen dieses Programms bei mir war, imponierte den Massai-Männern mit ihren langen Haaren und gepiercten Ohren.

Während eines Festes flüsterte ein alter Mann mir zu: „Sister, ich gebe dir hundert Kühe für dieses Mädchen.“

Er meinte dieses Angebot vollkommen ernst und beabsichtigte wirklich, Jutta als zukünftige Ehefrau bei mir zu kaufen. Um ihn nicht zu beleidigen, antwortete ich ihm:

„Nein, ich kann sie dir nicht verkaufen. Sie hat einen Vater in Deutschland. Mit dem musst du verhandeln."

Wenige Minuten später sprach mich ein anderer *Mzee*, ein älterer Mann, an: „Sister, der Mann da eben hat gelogen. Nie im Leben wird er hundert Kühe für Jutta geben. Aber ich meine es ernst. Ich biete dir meine dreißig besten Bullen an."

„Vielen Dank für dein Angebot, aber ich bin nicht berechtigt, meine Praktikantinnen zu verkaufen. Da würde ich große Schwierigkeiten mit ihren Eltern bekommen."

„Schade! Aber das verstehe ich!", ließ er sich überzeugen.

Ein junger Sonjo besuchte mich in Loliondo. Zusammen mit Ruth, die ein Jahrespraktikum bei mir machte, saß ich mit ihm auf der Veranda bei einer Tasse Tee. Plötzlich fragte er mich: „Sister, was muss ich tun, um eine Weiße zu heiraten?"

Vorsichtig blickte er zu Ruth hinüber, die seine auf Swahili gestellte Frage nicht verstanden hatte. Jetzt war mir auch klar, warum er ihr seinen schönsten Hahn geschenkt hatte.

„Joeli*, du hast doch schon eine Frau, oder?", fragte ich nach.

„Ja, und zwei Kinder. Aber ich möchte als zweite Frau gerne eine Weiße heiraten", erklärte er mir freudestrahlend und sah verzückt zu Ruth hinüber.

„Weißt du, unsere Kultur ist anders … ", fing ich an zu erklären.

„Ja, genau deshalb will ich ja eine weiße Frau haben. Dann lerne ich eure Kultur richtig kennen", unterbrach er mich.

„Wir weißen Frauen wollen aber immer die erste und

alleinige Ehefrau eines Mannes sein. Das ist so in unserer Tradition", fuhr ich fort.

Betreten starrte Joeli zu Boden. „Jetzt ist mein Traum gestorben", brachte er traurig hervor.

„Das tut mir leid. Aber wir können Freunde sein, dann lernst du unsere Kultur auch kennen", versuchte ich ihn zu trösten.

Der junge Mann besuchte mich auch später hin und wieder. Trotz seiner Enttäuschung darüber, keine Weiße heiraten zu können, blieb er fröhlich. Sein offener Blick und seine spontane Begeisterungsfähigkeit für neue Dinge blieben ungebrochen.

„Erinnerst du dich noch an Joeli?", fragte mich John Monate nach meiner letzten Begegnung mit ihm.

„Ja, sicher! Warum?"

„Er ist tot."

Joeli – tot? Das wollte ich nicht glauben. Ich erkundigte mich, ob wir über den gleichen jungen Mann sprachen und was passiert war.

„Er hatte wohl eine Affäre mit einer verheirateten Frau aus seinem Dorf. Als der betrunkene Ehemann heimkam und davon erfuhr, schnappte er sich sein Buschmesser und verschwand in der Nacht. Am nächsten Morgen haben die anderen Dörfler Joelis zerstückelte Leiche gefunden", beantwortete John meine Frage.

„Das ist ja furchtbar! Wo ist der Mörder?", wollte ich wissen.

„Er sitzt hier in Loliondo im Gefängnis."

„Na, den werde ich besuchen!", platzte ich heraus.

„Er ist in Untersuchungshaft. Das wird nicht leicht, eine Besuchsgenehmigung zu kriegen. Vielleicht rufst du den Gefängnisboss an. Ohne seine Zustimmung kommst du nicht rein."

Als ich mich gefasst hatte, rief ich im Gefängnis an. John

beobachtete mich dabei. Nach dem Gespräch legte ich den schweren Hörer zurück auf die Gabel, nickte meinem Kollegen zu und sagte:

„Ich darf kommen. Aber was nehme ich für den Mann mit? Vielleicht etwas zu essen? Im Gefängnis bekommen sie ja nicht viel“, überlegte ich laut.

„Bist du verrückt?! Nein, Sister, das ist zu gefährlich. Stell dir vor, der Mörder hat vor, sich das Leben zu nehmen, und vergiftet sich selbst, nachdem du ihm was zu essen gebracht hast. Dann denkt jeder, *du* hättest ihn vergiftet.“

„Warum sollte er das tun?“

„Weil er sowieso keine Hoffnung hat und du mit Joeli befreundet warst. Viele Hoffnungslose versuchen, so viele andere mit ins Unglück zu reißen, wie sie nur können. Du kennst das doch mit den HIV-Positiven, die extra noch andere anstecken, damit sie nicht allein sterben müssen. Irgendwie ziehen sie wohl so etwas wie Trost daraus. Es wäre nicht das erste Mal, dass ein Mensch seinen Selbstmord wie Mord aussehen lässt. Nimm ihm doch lieber ein Stück Seife mit.“

„Okay, und eine Bibel. Ist das erlaubt?“

„Ich denke schon.“

Mit einer brandneuen Bibel und einem in Zeitungspapier eingewickelten Stück Stangenseife steuerte ich das Gefängnis an. Eine vier Meter hohe Natursteinmauer umgab das Gebäude aus der Kolonialzeit wie eine undurchdringliche Wand. Die zentnerschwere Holztür war fest verriegelt. Schnell schickte ich noch ein Gebet zum Himmel: „Herr, ich weiß nicht, was ich diesem Mörder sagen soll. Aber ich muss ihn einfach sehen. Bitte hilf mir.“

Dann ergriff ich den eisernen Riegel und klopfte an. Eine Tür im Inneren knarrte. Laute Schritte kamen auf mich zu. Quietschend öffnete der Wächter eine kleine Luke in Augenhöhe.

„Was gibt es?", fragte er streng.

„Der Gefängnisboss hat mir gesagt, ich könne den Mörder von Joeli sehen."

„Warte!"

Nach kurzer Rücksprache öffnete er mir die Tür. „Was hast du da in der Hand?", fragte der Gefängniswärter mit zusammengekniffenen Augen.

„Eine Bibel und ein Stück Seife."

Der Wächter prüfte die Mitbringsel und ließ mich eintreten. „Folge mir!"

Noch bevor meine Augen sich an die Dunkelheit in dem Flur gewöhnt hatten, durch den er mich führte, hörte ich den Gefängnisboss „*Karibu*" – „Willkommen" – rufen. Der Wärter öffnete mir die Tür. Hinter einem massiven Schreibtisch saß der dickbäuchige Chef und bedeutete mir, ich solle mich auf den Stuhl ihm gegenüber setzen. Freundlich begrüßte er mich.

Dann wandte er sich dem Uniformierten zu. „Geh und hol Rimbani*. Die Sister will ihn sprechen!", befahl er.

Sofort verschwand der Wärter und kehrte Sekunden später mit dem Gefangenen zurück.

„Komm rein! Du hast Besuch von der Sister!", sagte der Vorsteher zu dem nervös um sich blickenden Gefangenen. Unsicher steuerte dieser den Stuhl neben mir an.

„Wer hat dir gesagt, dass du dich auf den Stuhl setzen darfst?", herrschte der Dickbäuchige den schmächtigen jungen Mann an. Mit dem ausgestreckten Zeigefinger auf die Ecke deutend fuhr er fort: „Da, hock dich in die Ecke!"

Zitternd gehorchte Rimbani. Meine Augen musterten den Gefangenen. Das sollte der Mörder meines Freundes sein?! Meine Gedanken kreisten um die grausame Tat.

„Stimmt es? Hast du wirklich meinen Freund Joeli getötet?", rutschte mir meine brennende Frage heraus. Der Gefragte schwieg. Wie konnte ich dem in Untersuchungshaft Befindlichen auch so eine dumme Frage stellen – vor dem Gefängnisvorsteher?

Ich machte einen zweiten Anlauf. „Wenn du Joeli ermordet haben solltest, hast du schwere Schuld auf dich geladen. Diese Last wird dir den Rest deines Lebens anhängen. Eines Tages wird Gott über dein Leben richten, und ohne Vergebung gehst du für immer verloren. Es gibt nur einen, der dir vergeben kann. Das ist Jesus Christus. Er ist am Kreuz für dich gestorben und hat deine Strafe getragen." Mühsam hielt ich meine Tränen zurück. Vor meinem inneren Auge sah ich den lebensfrohen Joeli, der nun tot war und seine Frau und zwei Kinder hinterließ. Meine Stimme schwankte, doch trotz Kloß im Hals sprach ich weiter: „Gott liebt dich, egal, was du getan hast. Nur er kann dir diese furchtbare Sünde vergeben. Um dir das zu sagen, bin ich heute hergekommen. Wenn du willst, helfe ich dir, wo ich kann."

Ausdruckslos starrte der Gefangene vor sich hin.

„Hast du gehört, die Sister ist hier, um dir zu helfen! Bedank dich und sprich mit ihr!", versuchte der Vorsteher das Gespräch in Gang zu bringen.

„Danke, Sister", flüsterte Rimbani wie ein Kind, das von seiner Mutter zur Höflichkeit angehalten worden ist.

„Bist du interessiert daran, die Bibel zu lesen? Da steht mehr über Jesus drin und wie du Vergebung empfangen kannst", fragte ich.

Wieder keine Antwort. Das wurde dem Gefängnisvorsteher zu bunt: „Hörst du nicht, was die Sister sagt?!", schrie er ihn an. „Nicht jeder Gefangene hat so ein Glück wie du. Sie will dir helfen! Und du redest nicht mit ihr?!"

Rimbani wurde in seiner Ecke immer kleiner. Der schroffe Ton gefiel mir nicht. So machte ich der Demütigung ein Ende, übergab dem Gefangenen die mitgebrachte Seife und sagte: „Rimbani, du kannst es dir ja noch überlegen.

Wenn du eine Bibel oder etwas anderes haben möchtest, lass es mich wissen. Für heute gehe ich. Nur wenn du es willst, komme ich wieder. Sollte ich nichts von dir hören, lasse ich dich in Ruhe."

Nachdem der Gefangene wieder abgeführt worden war, unterhielt ich mich mit dem Gefängnis-Boss unter vier Augen.

Der zuvor so strenge Mann wandte sich mir mit einem freundlichen Lächeln zu. „Sister, ich danke dir, dass du deine Hilfe angeboten hast. Die Gefangenen haben es nicht leicht hier. Bitte gib nicht auf, Rimbani wird dein Angebot sicher später noch zu schätzen wissen. Wenn er so weit ist, benachrichtige ich dich."

„Vielen Dank. Ich komme gern wieder."

Einige Wochen später: Schrill klingelte das Telefon im Büro, und noch während ich darauf zustürmte, nahm John ab. Einen kurzen Moment später hielt er mir den Hörer entgegen und sagte: „Sister, für dich – der Gefängnisvorsteher."

Nach wenigen Sätzen war die Sache klar. Mein Kollege blickte mich fragend an.

„Es geht um Joelis Mörder", erklärte ich ihm. „Er möchte nun doch anfangen, die Bibel zu lesen, und kann schlecht sehen. Ich habe zugesagt, ihm eine Brille zu schenken, und die Bibel habe ich ihm ja auch noch nicht gegeben."

„Aber du weißt doch gar nicht, welche Stärke die Brille haben muss!"

„Ja, deswegen wird er gleich hierher zur Untersuchung kommen. Ein Wärter, der auch eine Brille braucht, wird ihn bei diesem Besuch begleiten."

Wenig später standen dann wirklich ein bewaffneter Gefängniswärter und Rimbani vor der Tür. Der Beamte bestand darauf, als Erster eine Brille zu bekommen, dann erst durfte ich den Gefangenen untersuchen.

Anders als bei unserer ersten Begegnung war Rimbani sehr frei mir gegenüber. „Ich habe mir Gedanken über deine Worte gemacht. Ja, ich will an diesen Jesus Christus glauben. Du hast gesagt, in der Bibel kann ich mehr über ihn erfahren. Hast du die Bibel für mich da, die du mir versprochen hast?"

„Ja, bitte schön, hier ist sie!" Freudig übergab ich ihm sein Geschenk.

„Und ich, hast du auch eine Bibel für mich?", wollte der Gefängnisangestellte wissen.

Ja, er hatte Glück, ich hatte noch eine Bibel für ihn. Eigentlich war es nicht meine Art, Bibeln zu verschenken. Erfahrungsgemäß gingen die Leute schlecht mit Dingen um, die nichts kosteten. Aber in diesem Fall machte ich eine Ausnahme.

Mit ihren Brillen und Bibeln zogen die beiden glücklich wieder ab.

Es folgten weitere Anrufe aus dem Gefängnis, in denen der Vorsteher mir Anliegen von Rimbani weitergab. Bei meinen Besuchen erfüllte ich kleine Bitten um Seife und Kleidungsstücke. Natürlich blieb es nicht nur bei Rimbani. Alle Gefangenen brauchten dies und das und baten mich um Hilfe. In Rücksprache mit der Gefängnisleitung versorgte ich die Gefangenen von Zeit zu Zeit mit Kleinigkeiten wie Seife oder Zahnbürsten.

Doch dann blieb es lange still. Als ich mich wieder nach Rimbani erkundigte, erfuhr ich nur, dass er nicht mehr in Loliondo untergebracht sei. Alle weiteren Informationen fielen unter Schweigepflicht.

Einige Monate später hörte ich gerüchteweise, Rimbani sei aus der Haft entlassen worden. Leider sah ich ihn nie wieder.

Kapitel 11

ENDSPURT

Von meinem Arbeitgeber in Deutschland war mir die Aufgabe erteilt worden, die mobile Klinik aufzubauen und in einem überschaubaren Zeitrahmen zu „afrikanisieren". Sprich, der gesamte Dienst sollte in einheimische Hände übergehen und ohne Hilfe eines ausländischen Facharbeiters weiterlaufen. Ich selbst sollte bestimmen, wann der Zeitpunkt für diesen wichtigen Schritt gekommen war.

Inzwischen war ich fast 6 Jahre in Tansania. In dieser Zeit hatte ich so einige Entwicklungshelfer und Missionare kennengelernt. Bei vielen von ihnen brach das gesamte Projekt, das sie in jahrelanger Arbeit, nicht selten mit großer Selbstaufopferung, auf die Beine gestellt hatten, nur kurze Zeit nach ihrem Fortgehen zusammen.

Einer von ihnen war Herr Müller*. Mit viel Liebe und Engagement hatte er eine Zahnarztpraxis in einer größeren Stadt im Landesinneren aufgebaut. Er hatte unter schwierigsten Bedingungen eine sehr gute Praxiseinrichtung eigens aus Deutschland beschafft. Als ich bei ihm in Behandlung war, kam ich ins Gespräch mit ihm.

„Wie lange bist du schon hier?", fragte ich den Arzt.

„Knapp drei Jahre, aber ich werde in zwei Monaten nach Deutschland zurückkehren."

„Und dann? Was soll denn dann aus dieser modernen Zahnarztpraxis werden?", wollte ich wissen.

„Als Entwicklungshelfer war es meine Aufgabe, diese Praxis aufzubauen und einen einheimischen Zahnarzt einzuarbeiten, der meine Arbeit dann fortführen wird, um die Grundversorgung der Bevölkerung zu gewährleisten. Im Umkreis von einigen hundert Kilometern gibt es sonst keinen einzigen Zahnarzt."

„Ich habe schon so viele negative Geschichten gehört, dass die Arbeit zusammenbricht, wenn erst mal der *Mzungu*, der Weiße, nicht mehr da ist. Hast du keine Angst, dass das bei dir auch passiert?"

„Nein, ich habe einen sehr guten und hoch motivierten tansanischen Zahnarzt gefunden. Das Problem ist, dass fast alle einheimischen Kollegen lieber in Dar es Salaam arbeiten, weil sie dort viel Geld mit Privatpatienten verdienen können. Hier aufs Land will wegen der schlechten Einkommensmöglichkeiten niemand. Meine Organisation zahlt meinem Nachfolger deshalb ein sehr gutes Gehalt. Finanziell wird es ihm gut gehen. Ich verstehe mich super mit ihm und ich bin überzeugt, er wird ein kompetenter Nachfolger für mich sein."

Das hörte sich überzeugend an, und von seiner Begeisterung angesteckt, berichtete ich einem befreundeten tansanischen Arzt von dem Gespräch.

„Ach, ist das schade! Du wirst sehen, Christine, sobald Herr Müller weg ist, wird die Praxis den Bach runtergehen und schließlich dichtgemacht werden!"

„Warum denkst du das?"

„Weil der tansanische Zahnarzt versuchen wird, finanziellen Profit herauszuschlagen!"

„Aber sein hohes Gehalt soll dem doch entgegenwirken. Er hat einen gut bezahlten, sicheren Arbeitsplatz. Wäre er nicht dumm, diesen zu gefährden?"

„Ja, so denkt ihr *Wazungu*! Aber ich kenne meine Landsleute … Die Praxiseinrichtung, schon allein die kleineren

Instrumente aus Deutschland, sind hier ein Vermögen wert. Er wird sie nach und nach zu Geld machen, die Qualität der Behandlung wird abnehmen, und schließlich wird er den Rest der Einrichtung versilbern und mit dem Geld durchbrennen. Denn die Millionen, die er durch den Verkauf erzielen kann, könnte er sich wahrscheinlich in seinem gesamten Arbeitsleben nicht verdienen."

Hin- und hergerissen in meinen Gedanken, wer nun Recht behalten würde, der deutsche Zahnarzt oder der tansanische Kollege, beobachtete ich einfach alles.

Schon nach 3 Monaten bewahrheiteten sich die schlimmsten Befürchtungen: Die Zahnarztpraxis war ausgeplündert und der Zahnarzt über alle Berge.

Trotzdem, ich wollte mich nicht entmutigen lassen. Zusammen mit John hatte ich diese mobile Klinik mit all den verschiedenen Arbeitsbereichen aufgebaut. Er war von Anfang an dabei gewesen und mit seiner zusätzlichen Ausbildung zum Projektmanager bestens gerüstet, meine Position zu übernehmen. Im Laufe der Jahre hatte ich ihm Schritt für Schritt mehr Verantwortung übergeben. Wenn jemand dieser Aufgabe gewachsen wäre, dann er. Dennoch fragte ich mich, ob er es entgegen aller Negativprognosen schaffen würde.

Immer häufiger musste ich mir angesichts meiner bevorstehenden Rückreise nach Deutschland Kommentare anderer Kollegen anhören: „Denkst du wirklich, die mobile Klinik wird weiter bestehen bleiben, wenn du nicht mehr da bist?!"

Viele Massai und Sonjo aus meinem Arbeitsgebiet baten mich immer und immer wieder: „Sister, bitte bleib bei uns. Wir brauchen dich! Wer wird unsere Kranken versorgen und uns helfen, wenn wir in Not sind?"

„John bleibt doch bei euch. Ihr kennt ihn. Er ist ein guter Arzt und hat euch die ganze Zeit schon geholfen."

„Das stimmt, aber wir vertrauen dir. Er wird uns nicht so gut helfen, wie du es tust. Die mobile Klinik stirbt bestimmt, wenn du weggehst."

All meine Erklärungsversuche konnten die Zweifel und Ängste nicht ausräumen. Aber ich war überzeugt, John würde die Fortsetzung der Arbeit schaffen.

Mir rannte die Zeit weg. Im letzten halben Jahr überschlugen sich die Ereignisse derart, es blieb mir keine Atempause. Während John in seinem monatelangen Projektmanager-Kurs saß, fiel unsere erfahrene Krankenschwester wegen Krankheit aus. Ihre Lohnfortzahlung von dem Konto der mobilen Klinik war selbstverständlich, aber das machte es mir unmöglich, einen Ersatz für sie einzustellen. Es blieben nur Noongishu, die Krankenpflegehilfe, und ich übrig. Ich steckte bis über beide Ohren in Arbeit. Der „normale Betrieb" mit Patientenbehandlung, Dorfbesuchen, Projektbetreuung, Gesundheitsunterricht und Evangelisation musste weiterlaufen. Die Büroarbeit, sprich die Arbeitsberichte über jeden einzelnen Einsatz, die Erstellung von Statistiken und die Buchhaltung über die Finanzen der mobilen Klinik, die Ausgaben für das Haus und die Dienstfahrzeuge hielten mich bis tief in die Nächte auf Trab.

Gleichzeitig spitzte sich die Lage mit den Somali-Banditen erneut zu und die Einsatzfahrten in die Dörfer wurden immer gefährlicher. Außerdem hatten sich auch noch meine Eltern mit einem befreundeten Ehepaar zu einem dreiwöchigen Besuch angemeldet – zwei Monate vor meiner Rückreise.

Ganz „nebenbei" hatte ich zeitgleich noch die Bauleitung für ein großes Haus übernommen – ein Abenteuer! Esther sollte eine gute Bleibe bekommen, hatte sie doch 6 Jahre lang treu mit mir gearbeitet. Sie war mir zur Freundin geworden und ich wollte ihr ein schönes Zuhause bieten. Als ich mit ihr darüber gesprochen hatte, war sie sofort Feuer und Flamme gewesen. Da ich mir beim besten Willen nicht vorstellen konnte, dass ich nicht wieder zurück nach Loliondo kommen würde, um hier zu leben, kam mir eine Idee: „Warum nicht gleich ein Haus für mich und Esther bauen? Natürlich mit getrennten Wohnungen."

Mein Vorschlag stieß auf gute Resonanz. Ein befreundeter kenianischer Architekt zeichnete mir einen Bauplan. Dann besorgte ich mir einen Maurer, einen Tischler und später noch einen Dachdecker. Die Handwerker suchten sich vor Ort ihre Helfer. Meine Aufgabe war die Baumaterialbeschaffung, die zeitliche Koordination aller Aktivitäten und von Zeit zu Zeit die Bauaufsicht. Eigentlich der Job einer Baufirma, aber die konnte ich mir nicht leisten.

Noch bevor der erste Handwerker seine Arbeit begann, ließ ich einen Brunnen graben. Als erst einmal die Wasserversorgung gesichert war, hieß es, mit dem LKW Sand aus einem weit entfernten Flussbett heranschaffen zu lassen. Sehr viele Lastwagenladungen waren nötig, um genügend Zementsteine für ein großes Haus per Hand herstellen zu können. Eine Gruppe Holzfäller war mit Genehmigung der Regierung für mich im Wald unterwegs. Sie fällten Bäume und zersägten sie gleich an Ort und Stelle in Bretter der benötigten Maße.

Insgesamt 55 Tonnen Baumaterial kaufte ich in Arusha ein. In Absprache mit den Handwerkern und den Transportfirmen organisierte ich, welche Materialien wann geliefert wurden, denn ich hatte keine großen Lagermöglichkeiten. Die Reihenfolge war wichtig, sonst würde die Bauaktion stillstehen.

Immer wieder gab es Überraschungen. Einmal gab es in ganz Arusha über mehrere Wochen keinen Zement zu kaufen. Und dann wurde, glücklicherweise gegen Ende meines Hausbaus, plötzlich eine Mehrwertsteuer von 20 Prozent eingeführt. Alle Einkäufe verteuerten sich von einem auf den anderen Tag aufs Heftigste!

In der Nähe von Arusha lebte ich in einer kleinen Mitarbeiterwohnung, die ich komplett eingerichtet hatte, und auch in Loliondo besaß ich einen vollständigen Haushalt. Diese beiden Wohnungen galt es aufzulösen. Alles, was ich behalten wollte, sollte gleich in meine neue Wohnung.

Im Januar 2000 begannen die praktischen Bauarbeiten, und bis Ende April sollte das Haus soweit fertig sein, dass ich meinen Hausrat unterstellen konnte! Alle Steine zum Bauen mussten von Hand gemischt, gepresst und anschließend unter fünftägiger Bewässerung in der Sonne getrocknet werden. Jedes Stück Holz für Fenster, Türen und Möbel musste von Hand gesägt, gehobelt und verarbeitet werden. Es war ein Wettlauf gegen die Zeit. Am 1. Mai sollte ich wieder in Arusha sein, am 2. Mai das Auto an John übergeben und am 3. Mai zurück nach Deutschland fliegen.

Ja, und ohne zu wissen, worauf ich mich da einließ, hatte ich bei dem letzten jährlichen Mitarbeitertreffen meiner Missionsgesellschaft den Vorschlag gemacht, im Jahr 1999 das mehrtägige Treffen mit 15 Personen bei mir im Haus in Loliondo abzuhalten. Außerdem hatte ich zugesagt, direkt davor einer fünfköpfigen Pressedelegation aus Deutschland einen Tag lang meine Arbeit zu zeigen.

Ich konnte ja nicht ahnen, dass drei Tage vor dem großen Besucheransturm mein neuer Landcruiser in Dar es Salaam ankommen würde! Ich würde zwei volle Reisetage für die Hinfahrt brauchen, mindestens einen Tag für die Abholung des Autos und dann die zweitägige Rückreise.

Das haute nicht hin. Es blieb mir nur übrig, das Mitarbeitertreffen direkt nach der Reise in die Hauptstadt abzuhalten.

Aber jetzt drängte mich die Wasserfrage. Ausgerechnet dieses Jahr hatte ich schon 8 Monate lang kein Leitungswasser bekommen. 15 Menschen in meinem Haus ohne Wasser?! Das ging nicht! Ich hatte ja nicht mal Wasser zur Toilettenspülung.

Mir kam ein rettender Einfall – ich musste ein afrikanisches Plumpsklo bauen. Nein, nicht nur eins, sondern am besten gleich drei WCs! *Wenn schon, denn schon*, dachte ich. Für die Augenklinik, die ich gebaut hatte, weil immer mehr Menschen direkt zu uns kamen, brauchte es sowieso dringend eine Männer- und Frauentoilette. Monate im Voraus hatte ich daher von zwei jungen Männern ein großes 5 Meter tiefes Loch per Hand ausgraben lassen. Der Tischler aus Loliondo war bereit, mir alles so zu bauen, wie ich es wollte. Zwischen Tür und Angel, mit einem Bleistift bewaffnet, zeichnete ich den Bauplan für die Toiletten.

Zusammen mit dem Handwerker ging ich zu dem ausgehobenen Loch. Meinen Plan in der Hand fragte ich ihn: „Kannst du das so bauen? Auf der einen Seite hätte ich gern drei Plumpsklos, und eins davon soll einen Sitz bekommen, damit auch ausländische Besucher es benutzen können. Auf der anderen Seite möchte ich gern zwei Duschräume haben. Und natürlich darf das Geruchsabzugrohr nicht fehlen. Ich habe dir hier einen Plan mit den Maßen gezeichnet."

Mit meiner Zeichnung in der Hand betrachtete der Handwerker sich ausgiebig die Baustelle und nickte mir schließlich zu: „Das kriege ich hin, Sister."

„Super. Aber es muss wirklich in drei Wochen fertig sein, denn dann sind die Gäste da. Du weißt ja, ich brauche die Toiletten und Duschgelegenheiten bis dahin."

„Wenn das Material alles da ist, verspreche ich, dass ich rechtzeitig fertig werde."

Mir fiel ein Stein vom Herzen. Das Holz hatte ich schon getrocknet in der Garage liegen. Das war keine Selbstverständlichkeit. Für gewöhnlich gab es hierzulande nur frisch geschlagenes Holz zu kaufen, und das wurde nicht selten sofort verbaut und verzog sich dann entsprechend krumm und schief. Aus diesem Grund hatte ich vorgesorgt und Holz eingelagert, bevor ich überhaupt wusste, dass ich es benötigen würde. So besprach ich noch einige Baudetails mit dem Tischler und konnte mich jetzt wieder der Wasserbeschaffung zuwenden.

Ich steuerte den kleinen Bretterverschlag der staatlichen Wasserbehörde an. Jetzt, bei meinem dritten Versuch, traf ich doch tatsächlich jemanden an.

„*Mzee* Laizer*, ist das schön, dass ich dich treffe!", begrüßte ich ihn.

„*Karibu sana* – herzlich willkommen. Was führt dich zu mir?"

„Ich habe ein großes Problem und brauche deine Hilfe. In zehn Tagen kommen fünfzehn Gäste zu mir und ich habe kein Wasser."

„Sister, wir haben alle kein Wasser in Loliondo."

„Ich weiß, deswegen komme ich ja zu dir. Kannst du nicht Wasser aus dem Nachbarort zu mir pumpen?"

„Das würde ich ja gern tun. Aber ich habe kein Geld, um Diesel für den Generator der Pumpe zu kaufen."

Schnell einigte ich mich mit Herrn Laizer auf eine Summe und übergab ihm das Geld. Er hielt sein Versprechen und pumpte in der darauffolgenden Nacht genügend Wasser, um meine Haustanks zu füllen. Tagsüber wäre kein Tropfen bei mir angekommen, weil mein Haus das vorletzte Haus an der Loliondoner Wasserleitung war.

In Dar es Salaam stand ich pünktlich um 7 Uhr morgens bei der Agentur auf der Matte, um mein neues Dienstfahrzeug abzuholen. Ich wollte noch am gleichen Tag die ca. 9-stündige Fahrt zurück nach Arusha antreten.

„Guten Morgen. Ich bin Sister Christine. Mir ist mitgeteilt worden, dass mein Auto bei euch abholbereit steht."

„Guten Morgen. Willkommen in Dar es Salaam. Aber wer hat dir das denn erzählt?"

„Mein Kirchenbüro. Sie haben gesagt, ihr habt angerufen. Ist mein neues Auto nicht bei euch?"

„Ja, wir haben sie informiert, dass der Landcruiser bei uns ist. Aber er ist noch nicht abholbereit. Du kannst ihn frühestens morgen mitnehmen."

„Oh, nein! Das ist zu spät; ich bekomme viele Gäste und muss unbedingt pünktlich zurück sein. Wenn ich erst morgen losfahre, schaffe ich es nicht mehr. Was muss denn noch an dem Auto getan werden, damit ich es mitnehmen kann?"

„Hinten müssen noch die seitlichen Sitzbänke eingebaut werden, und dann fehlen uns noch die Nummernschilder und die Versicherung."

Entgegenkommenderweise boten die Mitarbeiter an, sofort mit den Arbeiten zu beginnen, und wenn bei der KFZ-Behörde alles gut gehen würde, könnte ich das Auto schon mittags haben. Und tatsächlich, am frühen Nachmittag erhielt ich mit wenigen Stunden Verspätung das neue Auto. Sofort trat ich die Rückreise an und erreichte Arusha spät in der Nacht.

In Windeseile erledigte ich alle Einkäufe in Arusha. Mit dem nagelneuen Auto schaffte ich es, am Abend vor der Ankunft der Journalisten in Loliondo anzukommen.

Am nächsten Morgen bekam ich per Funk die Nachricht, dass die Journalistengruppe erst am späten Vormittag eintreffen würde. Pünktlich machte ich mich auf den

Weg zur Landepiste in Wasso. Dort wehte wie fast immer ein starker Wind. Ich genoss die Brise bei dem heißen Wetter und schaute in die Ferne. Und da, da sah ich schon die Cessna als kleinen Punkt am Himmel. Nach der gelungenen Landung stiegen alle aus, und ich wunderte mich ein wenig.

„Wo ist denn die fünfte Person?“, fragte ich.

„Ausgerechnet unseren Kollegen vom Sonntagsblatt hat es erwischt. Er hat Durchfall und konnte nicht mit. Dabei hatte er sich am meisten auf diesen Besuch gefreut.“

Da die Zeit drängte, bat ich alle einzusteigen, und wir stellten uns im Auto vor. Es war 11 Uhr. Vier Journalisten verschiedener großer Blätter in Deutschland saßen in meinem Auto, und ich sollte ihnen bis 17 Uhr die gesamte Arbeit der mobilen Klinik zeigen und erklären! Dann nämlich ging ihr Rückflug.

Mir war klar, dass das eine Unmöglichkeit war. Ich konnte ihnen lediglich einen kleinen Einblick geben. Um das Beste aus der wenigen Zeit zu machen, steuerte ich das nahe gelegene Olobo an. Auf dem Weg fuhren wir mitten durch eine Kuhherde. Das für mich alltägliche Verkehrshindernis löste Staunen bei den Besuchern aus. Spontan stoppte ich den Geländewagen und ließ alle aussteigen. Bei den Tieren waren Massai, die ihre Zebu-Rinder mit Insektenvernichtungsmittel einsprühten. Das hatten die Besucher noch nie gesehen.

Als ich erklärte, was da passierte, kam auch prompt der Kommentar: „Das muss doch fürchterlich giftig sein.“

„Ja, das stimmt. Aber es gibt hier durch Zecken übertragbare tödliche Rinderseuchen. Das Gift schützt die Rinder vor Zeckenbefall. Ohne diese regelmäßige Prozedur hätten die Massai große Verluste in ihren Viehbeständen. Was mich daran stört, ist, dass sie oft die gleiche Blechtasse erst zum Giftanrühren und dann zum Teetrinken benutzen. In unserer Gesundheitsaufklärung spreche ich daher auch über solche Themen."

Weiter ging's, direkt ins Dorf. Ich ließ die Gäste aussteigen und erzählte ihnen ausführlich die lange Geschichte vom Hausbauprojekt und allen Hindernissen, dem Streit unter den Frauen, dem Handwerker vom falschen Stamm, dem von den Kühen gefressenen Gras zum Dachdecken und wie dann, als ich schon aufgegeben hatte, ein ganz neues Dorf entstanden war. Norkironkop höchstpersönlich leitete die Führung durch ihr *Boma*. Strahlend vor Stolz präsentierte sie ihre Arbeit. Mir bereitete es eine riesige Freude, für sie zu übersetzen.

Mein Kollege hatte eine kleine Studierpause; das war meine Rettung. Denn wie sollte ich Fahrer und Übersetzer sein und gleichzeitig die Augenarbeit demonstrieren? John und Noongishu waren bereits am frühen Morgen mit dem Motorrad nach Engusero Sambu aufgebrochen. Dort fand heute in der Grundschule eine typische Augenklinik statt, sogar mit kleineren OPs.

Auf dem Weg dorthin hielt ich kurz für ein schnelles Mittagessen bei meinem Haus an. Wir stärkten uns in fröhlicher Runde und setzten dann die Tour fort. Die „Straße" wurde immer enger und enger. Das Buschwerk war von beiden Seiten so sehr gewuchert, dass das Auto nicht mehr ganz durchpasste. Die Kratzgeräusche wurden immer lauter.

Die Journalisten hatten Mitleid mit dem neuen Wagen:

„Das arme Auto!"

„Ja, das schöne neue Auto zerkratzt ja total."

„Gibt es keinen anderen Weg?"

Auch mir tat es leid, den brandneuen Geländewagen so zu zerkratzen, aber es war bei unseren „Straßen" ohnehin nur eine Frage der Zeit! Außerdem waren es nur dünne Äste, denn immerhin fuhr ich auf der Hauptstrecke, die von Loliondo nach Kenia führt.

In Engusero Sambu kam ich gerade noch rechtzeitig an, um den Besuchern die Möglichkeit zu geben, eine Augen-OP mit anzusehen. Dann untersuchte ich zusammen mit meinen Kollegen die Schulkinder auf Trachom und erklärte dabei den Anwesenden alles über diese Krankheit und wie es meinem Team und mir durch den Schulwettbewerb gelungen war, die Durchseuchungsrate drastisch zu senken. In der Pause spielten die Kinder mit dem Ball, den sie gewonnen hatten. Obwohl der Besuch wegen der relativ langen Fahrt recht kurz ausfiel, konnte ich die Journalisten über den Bereich der Augenarbeit und Vorsorge vor Erblindung informieren und sie ein wenig dabei zusehen lassen. Nach einem erlebnisreichen Tag flogen sie am Abend wieder ab.

Gleich im Anschluss fand das Mitarbeitertreffen meiner Missionsgesellschaft statt. Die Vorarbeit hatte sich gelohnt: Alles lief reibungslos und ich war froh, meine Kollegen alle einmal als Gäste in meinem Haus zu haben. Die Zeit flog nur so dahin. Genauso schnell, wie alle gekommen waren, waren sie auch schon wieder weg.

Schneller als ich gedacht hatte, kam der Tag, an dem ich all mein Hab und Gut, das ich in Tansania lassen wollte, in mein neues Haus brachte. Das Haus war noch nicht ganz fertig, aber ich hatte keine andere Wahl. Ich stellte die Umzugskisten in ein Zimmer, in dem es immerhin schon einen Fußboden, wenn auch noch keine Fenster und Türen gab. Der Tischler versprach fest, diese in wenigen Tagen einzubauen.

Wer wusste schon, wann ich wiederkommen könnte und ob dann meine Sachen noch da sein würden!

Das von mir gemietete Missionarshaus der Kirche übergab ich mit sämtlichem Inventar meinem Kollegen. In stundenlanger Kleinarbeit hatte ich am Computer Listen sämtlicher Gegenstände angefertigt und ließ mir nun die Übergabe gegenzeichnen. Als Letztes übergab ich dann noch das fast neue Auto an meinen Kollegen.

Am nächsten Tag saß ich im Bus nach Nairobi, um von dort aus nach Deutschland zurückzufliegen. Viele Fragen durchkreuzten meine Gedanken:

Wie wird die mobile Klinik ohne mich laufen?

Wie wird es für mich persönlich weitergehen?

Wann werde ich in dieses wunderschöne Land zurückkehren und die Menschen, die mir ans Herz gewachsen sind, wiedersehen?

Rückblick, Ausblick, Einblick

Neun Jahre sind vergangen, seit ich John die mobile Klinik übergeben habe. John hat es geschafft, trotz aller Widerstände und gekürzten Budgets die Augenarbeit fortzusetzen. Allein im Jahr 2007 haben durch diesen Dienst 89 Blinde ihr Augenlicht zurückerhalten, und unzähligen anderen Kranken ist geholfen worden.

Die Zusammenarbeit mit dem katholischen Krankenhaus hat sich über die Jahre gut bewährt. Durch den Anstoß der mobilen Klinik ist allen die Wichtigkeit der Augenarbeit deutlich geworden, und das Krankenhaus hat inzwischen eine eigene Augenabteilung eröffnet.

In der Massai-Bevölkerung hat es durch den intensiven Einsatz der mobilen Klinik in ihren Dörfern einen Bewusstseinswandel gegeben. Die Menschen suchen nun von sich aus augenärztliche Hilfe und bezahlen sogar die Behandlung ihrer Kranken selber.

Ohne einen *Mzungu*, einen Weißen, im Team ist es meinem Kollegen gelungen, die Arbeit auf hohem Niveau fortzuführen. Das „Hilfe zur Selbsthilfe"-Projekt ist geglückt.

Mein persönlicher Weg hat mich nach 6 Jahren unter den Massai zunächst für drei Jahre zurück nach Deutschland geführt. Seit dem Jahr 2003 lebe und arbeite ich wieder in Tansania. Ohne Arbeitsvertrag und festes Einkommen bin ich nun im Gottvertrauen unterwegs – und bisher hat er mich noch nie im Stich gelassen. Das von mir im Jahr 2000 von meinen Ersparnissen gebaute Haus in Loliondo ist mein neues Zuhause. Dort ist der Massai Zakayo Ole Leida einer meiner wichtigsten Mitarbeiter geworden. Seit 2005 ist auch Ulrike Keulertz mit dabei. Gemeinsam sind wir für die Sache Gottes unterwegs. Dieses Mal unter dem Motto „Hand in Hand" – mit der einheimischen Bevölkerung und unseren deutschen Freunden. Ein neues großes Abenteuer hat begonnen.

Durch meine Tätigkeit in Sachen Gesundheit habe ich viel über die Kultur und Denkweise der Massai gelernt. Ich habe mein Leben mit den Menschen geteilt. Die Massai haben mich – die anfangs fremde „Mzungu" – lange und genau beobachtet, und nun bin ich ihre „Sister" oder wie viele mich nennen, ihre „Nashipai" geworden: Eine von ihnen, die ihnen Freude bringt.

Auf dieser stabilen Vertrauensbasis kann ich heute noch mehr als früher das weitergeben, was mich nach Afrika gebracht hat – die Liebe Gottes. Unser „Hand in Hand"-Dienst ist vielschichtig. Ob in der Verkündigung des Wortes Gottes, im Gebet für Kranke, im Aufbau unserer christlichen Grundschule in Loliondo, dem Schulspeisungsprogramm an den öffentlichen Schulen, in „Hilfe zur Selbsthilfe"-Projekten, in der Hungerhilfe, im Kinderdienst, in Eheseminaren, in Gemeindegründungen oder in Patenschaftsprojekten für Aids-Waisenkinder – die Liebe Gottes berührt und verändert die Menschen. Das, wofür ich viele Jahre gebetet habe, sehe ich jetzt vor meinen Augen geschehen. Das ist ehrlich gesagt das spannendste Abenteuer!

Außer in Afrika sind Ulrike und ich auch viel in Deutschland unterwegs. Hier berichten wir in Vorträgen mit vielen Bildern von dem ganz anderen Leben in Afrika und all dem Guten, was Gott unter den Massai tut. Wir besuchen Schulen, Kindergärten, Frauenkreise, Jugendgruppen und Gemeinden. Auf diese Weise können wir „viele Menschen mit nach Afrika nehmen" und ein Stück weit miterleben lassen, wie es dort ist und was Gott heute noch tut.

Im August 2006 begegnete ich Sipironi, einem Massai-Jungen. Er war schwer krank und kroch auf allen Vieren durch den Dreck. Die verschiedensten Menschen hatten schon versucht, ihm zu helfen – von westlichen Krankenhäusern bis hin zu Massai-Zauberern –, doch nichts und niemand hatte ihn gesund machen können. Sein Schicksal schien besiegelt ... ihm stand der sichere Tod bevor, der Auftragsmörder war schon bestellt.

Doch dann heilte Jesus Christus Sipironi in meinem Haus.

Doch dazu mehr im nächsten Buch ...

Wenn Sie mehr über unsere Arbeit in Tansania wissen oder uns zu einem Vortrag in Ihre Gemeinde oder (bzw.) Schule einladen möchten, können Sie uns unter der folgenden E-Mail-Adresse kontaktieren:

Nashipai@web.de

DANK

Nie hätte ich die zahlreichen Herausforderungen eines Auslanddienstes über die Jahre durchgehalten, wären da nicht viele Personen gewesen, die sich voll eingesetzt haben. Auch beim Schreiben dieses Buches hatte ich wunderbare Unterstützung von lieben Freunden.

Meiner ganzen Familie danke ich für den tollen Zusammenhalt. Besonders dir, Mama, weil du mich über all die Jahre immer auf dem Laufenden gehalten hast. So habe ich den Draht nach Hause nie verloren. Du hast dich großartig für meine Belange eingesetzt. Danke!

Danke dir, Hannelore, für deine Freundschaft über all die Jahre hinweg und deine Unterstützung bei der ersten großen Durchsicht meines Manuskripts.

Danke den lieben Freunden und Gemeinden in Deutschland. Ihr habt für mich gebetet und mich durch eure Briefe und eure Besuche bereichert.

Danke meinen Freunden unter den Missionaren und Entwicklungshelfern. Ihr wart sehr oft eine Anlaufstelle für mich. Der Austausch mit euch war mir immer sehr kostbar. Mit euch ein Stück auf dem Lebensweg durch Afrika zu gehen war ein Privileg.

Danke allen afrikanischen Freunden und Kollegen, die ihr mir eine „neue Welt“ eröffnet habt. Der Glauben und die Lebensfreude, die aus euch sprechen, sind einmalig und haben mich inspiriert!

Danke den Praktikantinnen – Jutta, Mirja, Ruth und allen, die sich kürzere Zeit eingebracht haben. Ihr habt frischen Wind in den Dienst gebracht und durch euren Einsatz mir und vielen Einheimischen geholfen.

Danke dir, Ulrike. Du hast immer Zeit für mich gehabt und mir in der entscheidenden Phase der Fertigstellung des Buches unendlich viel geholfen. Auf dich ist Verlass.

Und ein besonders großes Dankeschön an den Gott, der mich auf diesen Weg geführt hat und der mir täglich durch seine Liebe Freude und Kraft schenkt.